张敏杰

1962 年 7 月 17 日

教育背

广东省广

北京大学

专业职

高级职业经理人资格

粤菜一级厨师职称

现任职务

广州唯高策略发展有限公司——总经理

联系电话

15820202322

本人简历

从事餐饮行业四十年多年的工作经验，经过多年在一线的餐饮店经营和本人操盘管理多家酒店及大型餐饮店的经营管理，积累了丰富的餐饮经营管理经验。

在几十年对餐饮个行业业态的深入了解，熟悉餐饮市场的营销策划，销售方式，营销推广，运营和餐饮经营的管理中项目及销售推广方法的运用。

在多年对粤菜及西餐的管理过程中，已经筹划过多间餐厅的筹建、组建团队、协调团队、管理运营餐饮店，品牌塑造。

精通粤菜及熟知其他菜系的菜品真谛，在近二年已经打造二间餐饮品牌《点就点好粤式点心》餐厅、《魔力手咖喱捞饭》餐厅。

在 2015 年编写并出版图书《餐饮店营运流程设计》。

在过往的十几年中参与了唯高餐饮图书的出版和编写工作。

点就点好

魔力手

咖喱捞饭主题餐厅的文化传承

营销服务

集中流量导入和产品曝光
体验式品牌营销方法培训
短期内聚集人气和客流量
后期配套体验式营销支持

实施品牌的系统训练

管理及训练
前厅员工的招聘，服务标准训练
后厨员工的招聘
技术量化标准训练等

传播价值

全方位的媒体资源支持和品牌提升
长期合作带来的消费者数据分析和需求反馈调研
联合推广使品牌扩张更集中

联合活动

新品上市，试用体验
节假日主题互动
新店开张，需要拉动人气
常规促销季，用户及时、实时参与话题性热点事件

告诉你餐馆投资经营的绝招

餐饮旺店赚钱的168则硬道理

-32-
唯高餐饮经典书库

张敏杰◎著

中国餐饮业老板、主管和从业人员的思想库和工具库

廣東旅游出版社
GUANGDONG TRAVEL & TOURISM PRESS
悦读书·悦旅行·悦享人生
中国·广州

图书在版编目（CIP）数据

餐饮旺店赚钱的168则硬道理 / 张敏杰著．—广州：广东旅游出版社，2018.7
ISBN 978－7－5570－1345－5

Ⅰ.①餐… Ⅱ.①张… Ⅲ.①饮食业—经营管理 Ⅳ.①F719.3

中国版本图书馆CIP数据核字（2018）第119023号

出版人：刘志松
责任编辑：徐晓丽
封面设计：宝蕾元

广东旅游出版社出版发行
（地址：广州市越秀区环市东路338号银政大厦西座12楼　邮编：510060）
邮购电话：020－87348243
广东旅游出版社图书网
www.tourpress.cn
北京墨阁印刷有限公司
（地址：北京市丰台区黄土岗化家大坑）
710×1000毫米　16开　15.5印张　262千字
2018年7月第1版第1次印刷
定价：29.80元

《唯高餐饮经典书库》丛书编委会

总　序

乘改革开放的快车，经历了风风雨雨，现今的中国餐饮业已成为市场化程度最高、竞争最充分、发展速度最快的行业之一。它曾经吸引了成千上万投资者的目光，并给了其中许多人以丰厚的回报。只有经营过餐饮业的人才更明白，日进万金其实不是神话，而是完全能够实现的事实。但是，面对新开的餐馆越来越多，赔钱的餐馆也日见增多的残酷现实时，不少业内人士既感到惶恐不安，又感到困惑不已。为什么昨天还客似云来的海鲜城，今天却无人问津？为什么仅一墙之隔的两家火锅店，一家烟雾腾腾，一家却锅冷人稀？为什么麦当劳、肯德基等洋餐馆能春夏秋冬都没有淡季，而不少中餐馆却时冷时热，有时甚至该旺不旺？为什么有些昨天还几乎是“两袖清风”的下岗职工，今天已经变成了腰缠万贯的餐馆老板；而有些昨天还是指指点点吆喝着的老板，今天却又重新回到了打工仔的行列……

据我们调查得知，从投资者、老板到各级从业人员，都很想探究这些问题的奥秘，很想在餐饮业这一宝山中挖到“金矿”。但是，一个实际困难却摆在他们的面前，那就是在茫茫书海中，介绍健康食品、家庭菜式的不少，但有关开办、经营餐馆的书籍却不多，有也是零零碎碎，且不够通俗易懂，缺乏实操性。现在，我们可以满怀信心地告诉读者，这个问题可以解决了。我们在经过长期准备和酝酿之后，与香港唯高餐饮经营管理策划公司联合策划、出版了“唯高餐饮经典书库”系列丛书，以填补这方面的缺陷。希望能借此推动中国餐饮业的发展，帮助众多餐饮业老板和从业人员圆其创业梦与发财梦。

“唯高餐饮经典书库”的作者们，既有资深的餐饮业老板、总经理、高层主管、培训人员，也有专家、教授、作家、记者、编辑，他们都以强烈的责任心，深入餐饮业基层，对老板、员工反复采访，搜集了大量的第一手资料，并认真研究了许多餐饮业的理论知识。这些书是他们为餐饮业创造的宝贵财富。

本系列丛书已列入计划的选题达数十种，涵盖的范围广，涉及餐馆运作的方方面面，包括经营技巧、经营理念、管理方法、服务技能、员工培训等许多细节，内容极其丰富，知识面极其广阔，既全面又实用。本丛书力求在创作理念上与时代同步，并有一定的超前性，对餐馆的投资者、经营管理人员、从业人员均有一定的指导意义。

我们深信，“唯高餐饮经典书库”系列丛书一定会成为广大读者的良师益友，一定会为从业人员带来美好的“钱景”。

广东旅游出版社有限公司

2018 年 4 月

写在前面的话

目前,餐饮业在全球范围内都获得了突飞猛进的长足发展,这不仅表现在一批巨型的餐饮业集团公司的不断涌现(如麦当劳、肯德基等),而且还表现在小餐馆的数量也呈增长趋势。

在香港这样一个狭小的空间内,就聚集着数不胜数的高、中、低档餐馆,更别说在世界其他的繁华之处了。可以肯定地说,在任何一座城市的一条街道上,都能够找出一家或几家不同档次的餐馆。

的确,开餐馆是一条发财致富的捷径。俗话说得好:“民以食为天”,任何一个人若要生存下去,就离不开“吃”“喝”二字。因此,餐饮业多年来一直占据着第三产业的主导地位,尤其在当今社会经济结构发生了重大变化、外食人口显著增加的形势下,餐饮业更是有着广阔的发展空间和发展潜能。

但是,决不能因此而妄下断言:每开一家餐馆就一定能赚得滚滚财源。

恰恰相反,在数以万计的餐馆中(既包括中高档的大餐馆,也包括低档小餐馆),能够赚钱的却只是少数,几乎连五成都占不到。

摆在我们面前的事实是:不仅许多装潢一般的中、低档餐馆无人问津,即使那些装修精美、豪华典雅且气派非凡的高档餐厅也是门可罗雀。

这种现象,令许多业内人士尽感到迷惑不解。

究其原因,实在难以用三言两语说清楚。也许有人会怪顾客,但这种观点显然是错误的。如果说餐馆的生意冷清是顾客造成的话,那么,我们又何以解释仍然有很多餐馆生意兴隆的现象呢?

因此,餐馆不赚钱的原因根本不在顾客,而在于经营者自身,在于其不懂得经营餐馆的方法和技巧。

实际上,开一家餐馆容易,而若想开一家赚钱的餐馆,却绝非易事。所以,并非人人都能靠餐馆发财。

那么,究竟怎样才能开一家赚钱的餐馆呢?

其实,这就是本书要为你解决的主题之所在。

开餐馆需要考虑的问题有很多,既有宏观方面,也有微观方面;既有粗枝大叶,也有细枝末节,林林总总,数量众多。

然而,归结起来,却也不外乎本书所写的三个大方面:硬件部分、软件部分和忌讳部分。

本书作者认为,餐馆的经营要素可以分为“硬件”和“软件”两大方面,二者互为依托,相辅相成。

所谓“硬件”部分,主要包括以下几点,它们都是餐馆中“看得见的部分”:

一、开餐馆前的筹备工作。如:餐馆的准确定位、风水选址等;二、店面装修。风水布局、风水装修这些涉及餐馆的内部结构、布局、色彩搭配及经营风格的营造等;三、菜单制作。如:菜单制作的形式选择、制作原则和制作的具体方法等;四、餐具保养。如:购买餐具和保养餐具的一些方法等;五、饮食饭菜。主要有素材原料的选择使用、创造顾客喜爱的热门食品之方法和用饭菜吸引顾客等;六、饭菜标价。包括给饭菜定价的原则和技巧等;七、人员管理和培训。从选择员工,到训练员工,以及管理员工等,在此处都明确论述;八、自主培养厨师。介绍了培养自己专属厨师和提高厨师素质的方法。

所谓“软件”部分,就是餐馆中那些“看不见的部分”。这部分要素虽然无法看见,是无形的,但其作用却不可低估。

这部分主要包括下列六点:

一、让“头回客”变成“回头客”。介绍了10余种吸引顾客成为餐馆中心的“常客”的有效方法;二、了解消费者的心理。这包括消费者的消费动机、消费类型、消费意识的区分及迎合消费者的不同方法;三、餐饮广告技巧。主要论述了餐饮广告的特殊运用方法;四、服务方法。在介绍微笑服务的基础上,阐述了提高餐饮服务水平、吸引顾客的多种方法;五、推销与促销。主要介绍了10种不同的餐饮业推销与促销的方法;六、经营谋略。针对人们的普遍心理,为餐馆老板介绍了餐饮经营方面的小技巧、小策略。

本书的主要特点是结构分明,层次清楚,说理透彻,切中要害,而且语言平实,通俗易懂。全书中的三大部分共168则内容,既相互独立,有所区别,又互相联系,浑然一体。

不同的餐馆经营者,还可以根据自身的具体情况,从本书中摘取有关章节加以阅读,以便有针对性地为自己解决现实中所存在的不同问题。

当然,如果有时间统观全书,则效果或许会更佳。

总之,这是一本适合高、中、低不同档次餐馆的经营者和从业人员阅读的好书。

望详加阅读。

著　者

2018年4月

contents 目录

硬件篇

软件篇

$ 忌讳篇

硬件篇

就餐饮而言，都是由两个部分组成的，即“看得见的部分”和“看不见的部分”，二者浑然一体。

所谓“看得见的部分”，就是指餐饮的“硬件”。

要想赚钱，必须首先把“硬件”部分搞好，这是基础，是前提。

一、开店前的筹备工作 10 则

中国有句古语：凡事预则立，不预则废。

的确，无论做什么事情，都需要事先进行缜密的考虑，分析利弊得失，找出问题的关键之所在。

周密的计划和准备工作是成功的最基本条件，千万不能忽略。

俗话说："好的开始是事情成功的前提"，如果在开始做事之前毫无准备，盲目采取行动，其结果可想而知会有多么悲惨。

可是，人们却又常常会犯这样一种毛病，那就是，虽然自己明明知道是这样的道理，却又不去按照那种道理去做。如此一来，便容易误入歧途。

由此可见，准备工作对于开餐馆来说也同样重要。

如果你真正决定要开一家餐馆，尤其是想开一家赚钱的餐馆，那么，无论你选择高档、中档或低档中的哪一种形式，都必须认真做好开店前的准备工作。

现在，各地的餐馆都非常多。可是，决不能因此而认为"人人都能开一家赚钱的餐馆"。在众多的餐馆之中，赚钱的终究是少数，大多数都不赚钱或者只能赚到很少的钱，往往得不偿失。甚至有些餐馆在刚刚开业不久就走上了"关门大吉"的道路。

为什么会出现这种不尽人意的结果呢？

究其原因，其中最重要的一点就是没能做好开店前的准备工作。

用局外人的眼光来看，基本上都以为开餐馆是一件非常容易的事，只要能找到一家店面，招聘到厨师和服务员，然后就可以开张并坐等收钱了。

实际上，这种想法完全错了。

人们常说："旁观者清，当局者迷"，但就开餐馆而言，则应当改为"旁观者迷，当局者清"才对。因为开餐馆的种种难处只有餐馆老板的心星最清楚，而局外人是难以体会出其中三味的。

拿开餐馆前的准备工作来说，就有许多事情要做，诸如如何进行开店前的准确定位，如何选择风水地点，如何选择用人和开店时机，等等。

一定不要认为这些问题是微不足道的事情。如果你忽略了其中的任何一点，都有可能为你带来噩运。

下面，我将就这些问题为你做出详尽的阐述。

1. 熟悉餐馆服务业的基本知识

“隔行如隔山”，对于自己不熟悉的事情，谁都不能把它做好，这是人人都明白的简单道理。

因此，假如你已下定决心要开餐馆的话，就应该熟悉餐饮服务业的基本知识。

大致说来，你应该掌握以下方面的餐饮业知识：

(1)开餐馆前找风水大师测一测你的八字，看看是否符合做餐饮业。

(2)风水选址很重要，这关乎到餐馆能否赚钱的天命及根基。

(3)风水布局在餐馆的装修中尤为重要，从餐馆的财神位到桃花位的布局，是直接影响到餐馆日后能否赚钱、赚多少钱的根本保证。

(4)菜单制作的有关知识；

(5)餐馆装修的技巧；

(6)餐具保养方法；

(7)创造美味饭菜的要诀；

(8)饭菜定价方法；

(9)如何对人员进行培训；

(10)自主培养厨师的要点；

(11)如何让“头回客”变成“回头客”；

(12)怎样顺应顾客的消费心理，招徕更多的顾客；

(13)怎样做餐饮广告，不断扩大自己的知名度和影响力；

(14)服务的方法和技巧；

(15)更好地开展推销和促销活动；

除了上述几点外，还应当了解餐饮业经营的忌讳，以便避免不必要的失误，提高经营技巧，防患于未然。

这些知识，都是准备经营餐馆的人所必须具备的。

实际上，如果你继续往下阅读这本书的话，就会发现：本书的主要内容，讲的就是上述这些基本点。

大家都明白，经商的人不仅需要具备一定的勇气、胆量和魄力，而且更需要具备丰富的知识和灵活的头脑。这两个方面同等重要，缺一不可。

决定开餐馆的人，既然选择了这一步，无疑证明他们是一个有胆量和气魄的人，但却未必就一定有知识和头脑。对于大多数老板而言，还需要学习有关餐饮业的基本知识，以便培养出灵活的经营头脑。

所以，仔细阅读本书中所讲述的各项内容是至关重要的。

当然，餐馆老板除了了解这些基本知识外，还应当多学多练，另外找一些其他有关书刊阅读和学习。

更重要的是，应该向实践学习，不断总结经验，归纳出一些具有实用价值的经营方法和谋略。

但是，无论如何都应该先学习一下有关餐饮业的知识，这是行动的前提和基础。

即使已经有了一些实践经验，也要这样做。

2. 了解前途看好的餐饮业业态

餐饮业的这几个业态将来的发展趋势很不错：

(1)快餐：在中国，速食(快餐)大有前途。

如北京的红高粱快餐店，正具备了快餐店成功的要诀。

快餐一定要在最短的时间内供应，而价格低廉则是吸引客人最大的魅力，“南方大包”之所以能占领杭州的快餐市场，而让麦当劳无立足之地，就在于其低廉的价格。

此外，味道好、服务周到以及可以外带，也是不可缺少的条件。

1996 年 2 月河南的“红高粱”食品公司挺进北京，在王府井麦当劳的对面安营扎寨，敢与麦当劳叫板，并在北京立稳脚跟，这是因为“红高粱”的根基在于五千年中国饮食文化传统，它具有营养好，口感好，价格低等一般中式快餐的特点。

另外，它还包含面条加工厂、制汤中心和配菜中心三个工厂生产的产品，所有连锁店店徽统一，餐具、桌椅一致。

这也是“红高粱”一露脸便敢亮出自己“挑战麦当劳，振兴中式快餐”的旗帜的依据所在。

(2)美国式咖啡店:随着咖啡逐渐为中国人所接受,饭后闲余去咖啡店喝杯咖啡也成为许多人的习惯。

不过很可惜,中国很少有美国式的咖啡店,真正的咖啡店是 24 小时全天候营业,商品多,可供顾客选择,每份东西售价约为 20 元人民币,以各种客人为供应对象,地点选设在市郊、住宅及区。

(3)家庭餐厅:美国的家庭餐厅和咖啡店占餐饮业的 45%。

中国的家庭餐厅今后极有发展潜力,如中国的“伴月”就发展不错。

它的经营方式是学习美国的家庭餐厅服务的方式。

这种家庭餐厅,主力在晚餐,其次是午餐,不需要 24 小时服务。

它的服务对象是家庭,所以菜式要多,价格则由高到低均有,菜主要以家常菜为主,以适合老年人、中年人、年轻父母、青少年、孩童及流动的过客。

(4)小型专店:如韩国料理、日本料理、冰淇淋、茶馆、果汁……

面积 10 平方米到 60 平方米,投资较少,筹备迅速,回收快,收益性颇高。

了解了以上这些,你就明白了应开一家主要卖什么的餐馆了。

3. 选择适宜的开店法

俗话说:“鱼有鱼路,虾有虾路。”这说明,无论做什么事情,都有其独特的进行方法和技巧。

在正式经营餐馆之前,应该选择适宜的开店方法。

有一句大家都很熟悉的话,叫做“内行看门道,外行看热闹”。在现实生活中,有一些人看到别人开餐馆赚钱,于是自己也追赶潮流,加入开餐馆者的行列。但是,由于不懂其中的门道,故而弄得虎头蛇尾,结果是“赔了夫人又折兵”。

这种情况太多了,我们都已司空见惯。

只有懂得“门道”,即懂得选择适宜的开店法的人,才有可能取得成功。

所谓开店法,基本上可以按照以下三种标准进行分类:

(1)按照餐馆的档次可以划分为高档餐馆、中档餐馆和低档餐馆三种开店方法。

高、中、低档餐馆各有利弊,因此绝不能主观地认为开高档餐馆一定赚钱而开低档餐馆一定不赚钱。餐馆的档次选择与是否能赚更多的钱没有必然的联系。

在这三种档次中，究竟应该选择哪一种，必须根据自身的情况来决定。

如果资金比较多，自己又有较为丰富的餐饮业经验，则可以把摊子铺大些，选择开一家高档餐馆。

反之，如果在资金和经验等方面较为欠缺的话，则应当选择开一家低档或中档餐馆，从零开始，由小到大，等到各种条件都具备时，再发展为高档餐馆。

(2)按照经营项目的特点来划分，有这样几种开店法：

①中式餐馆

中式餐馆又可以分为川菜馆、鲁菜馆、粤菜馆、湘菜馆等等。实际上，这些都是根据中国菜系来划分的。

②西式餐馆

西式餐馆也可以划分为几种不同的种类，如；西式快餐店、咖啡馆等。

另外，日本料理、韩国烧烤等形式，由于其和传统的中式饭菜不同，也可以笼统地划到西式餐馆里面去。

③中西合璧式餐馆

既经营传统的中式饭菜，也经营舶来的外国饭菜，不拘一格，这就是中西合璧式餐馆的主要特点。

在选择上述三种开店方法时，也要根据自己的具体情况来做出决定。必须记住的一条原则是：务必选择自己所熟悉的那一种，扬长避短，发挥优势项目。

如果你对中餐中的粤菜较有了解，那么就可以开一家粤菜餐馆；如果对川菜的风味较有研究，也可以开一家川菜馆。

同样的，如果你不是一个传统型的人，而是能较快地接受新思想，并且对西式餐馆颇有了解，那么你就可以开一家西式快餐店或者咖啡店。

一定不要涉足你不太了解或者不感兴趣的餐馆类型。试想，你连最起码的热情和兴趣都没有的话，那就更难让那些到你的餐馆中就餐的人感到满意了。

(2)按照餐馆的定位方式来划分，有瞄准女人、瞄准儿童、瞄准工薪阶层、瞄准知识分子和瞄准观光游客等几种方法可供选择。

在确定这些方法中的某一种时，应根据餐馆所处的位置来决定，因为在某一特定地点内会有其特定的顾客群，顾客群的特点便决定餐馆的主要经营性质。

比如，在一些风景名胜和游览区开餐馆，就应当选择迎合观光游客胃口的开店法；而在纺织厂附近开餐馆，则必须以迎合纺织女工的胃口为佳。

总之，以上所说的各种开店方法都应当有所了解，然后再根据自己的具体情况做出符合实际的选择。

4. 做出正确的市场定位

做生意有时和带兵打仗一样。《孙子·势篇》中有这样的话："善战者，求之于势。"这句话同样适用于开餐馆。

现代型的商人要善于选势，以势定位。企业要想满足每一个顾客的全部消费需求，显然有些勉为其难。最好的做法应该是，每个企业必须明确自己的产品或劳务"定位"定在哪里，主要的消费主体是什么人，属于什么层次，满足哪方面的消费以及潜在于消费深层里的文化意义。

以上这些，就是我们通常所说的"市场定位"。

赚钱的餐厅无不定位准确。

有些不赚钱的餐馆在调整了服务目标后，也常常很可能由亏损变为赚钱。

下面，举一个例子为你说明作为正确的市场定位的重要性：

在北京，有两家渔村，一个位于西单闹市区的北海渔村，另一个是位于海淀电子一条街的南海渔村。

这两家"渔村"都颇具规模，建筑风格新颖，内部设施典雅、华贵，属于现代型的豪华酒楼。

起初，这两家渔村的生意都很清淡。但在 1997 年 2 月以后，南海渔村则一反常态，变得门庭若市，车水马龙，火暴的景象与以前相比形成极为强烈的反差，引起了过往行人的好奇，名声大振。

驻足细观，其出入者熙熙攘攘，真可谓"谈笑有儒商，往来下海人"，成为海淀电子一条街上"海族"所聚居的沙龙。

为什么前后会出现如此大的反差？

看来，餐馆的老板对餐厅的服务对象进行了调整，餐馆重新进行了定位。

海淀电子一条街 90％的企业职工就餐靠盒饭、份饭或快餐，而 80％的经理、老板及生意人都厌腻了这种模式化的午餐，这些"下海人"常常三个一群，两个一伙外出就餐。

同时，更值得注意的是海淀电子一条街上具有浓郁的文化气息，即下海者多是文化素质较高的儒商，"下海"在这里已经成为深入人心的职业选择。

这些“海族”们彼此熟悉，既是对手，又是商业上的伙伴。他们聚在一起，就餐事小，沟通、联系业务和探讨商海大战的技巧与谋略则是更为重要的事情。

中外皆有句名言：在餐桌前进行交易最容易，化敌为友也不难。

南海渔村正是以这些“海族”作为自己仔细分析后的目标市场，把具有相同需求和文化特质的“下海人”这一消费群作为本餐馆市场定位的主要目标，把80%的精力放在他们身上。

餐馆老板正是根据已经选定的目标市场，制定出了有效的定位战略，并拟就具体定位方案，即《海势——1997 战略方案》。

他借“南海渔村”的“海”字所暗含的商海契机，就海淀“下海人”自成一体之“海势”大做文章，推出一系列出奇制胜的“定位魔术”，妙趣横生，趣味无穷。

例如：入座术——同舟共济。南海渔村的二楼是“海族”们的天下，大厅内设置了数米长的大木船，“海族”们上船客满后，即以金钉钉入船帮表示起锚扬帆，乘船者皆为商海弄潮的同舟人。

这一招往往吸引了许多原为商海契友的下海人纷纷结伴而来，共乘木舟，以示同舟共命运之情。

又如：育智术——商海导航。

南海渔村利用与北京图书馆为邻的地利之便，馆内举办各类较高层次的专题经济讲座的天时之机，再加上人和之泽向顾客赠送一批入场券，使其得以参加定期举办的各类经济讲座，拓其视野，长其才干，育其心智，使其高兴而来，满意而去。

这一举措把顾客与企业紧紧“钉”在了一起，长期客人越来越多，而且也深深感到离不开南海渔村。

还有：补心术——渔舟小报。

南海渔村向每个客人赠送自办的报纸《南海渔村》，一方面可供客人就餐时阅读，另一方面为客人提供了精神食粮。

在《南海渔村》中，载有商海韬略、营销案例、市场信息及宏观调控动态等内容，使顾客和餐馆双双受益。

除了上述列举的以外，南海渔村还有其他一些举措，也很受顾客们的欢迎，因而消费群不断扩大，生意越来越好。

正是由于南海渔村做出了正确的市场定位，在市场定位上采取了这些有效措施，所以才利用“海族”们来此就餐而大赚其钱。

5. 以文化为主题的定位方式

除了菜系定位和价格定位外，你还不妨来点文化定位。

当今的世界是丰富多彩的，各个地方都有其独具个性的人文景观或文化遗产。

谁会利用、开发这座文化宝库为经营所用，谁就可能在竞争中取得成功。

北京有一位老“知青”，办起了全国第一家“知青饭店”。

食客一般均为曾有“知青”经历的人。他们除就餐之外，还有一个共同的消费要求，就是在这种无处不有当年熟悉的物品、照片、歌曲等的环境里，品味追怀一下那个年代留下的记忆。

这是普通人难以理解的一种感受。

曾是同样的身份，曾有同样的经历，使得当年的知青们有许多共同的语言，而“知青饭店”就恰恰为当年的知青们提供了他们叙旧的场所。

因而，这家“知青饭店”很快受到“知青”们的欢迎。

目前，全国已有多家这样的“知青饭店”开张了。

前不久，北京又冒出一家“球迷餐厅”，“是球迷就是朋友”是这家球迷餐厅的经营口号。

来这里就餐的大多是足球爱好者。球迷餐厅的老板别出心裁，在餐厅里装备了一台大屏幕电视。

每当有球赛的时候就转播，没有了球赛时，就把平时球赛的录像和一些精彩剪辑拿出来播放。

这深受球迷们喜欢，他们边吃边侃球，别有一番情趣。

如恰逢赶上重大赛场，此处更是热闹非凡生意兴隆。

“知青餐厅”和“球迷餐厅”在北京一出现便被传媒津津乐道，而海外一些经营者则在文化定位上更加新奇，甚至加上了一些较为荒诞的色彩。

在葡萄牙首都里斯本的特茹河大桥旁边，有一家以电影片名“猜猜谁来吃晚餐”为招牌的餐馆。

这家餐馆系艺术家联合开办，餐馆的五位股东中，两位是演员，一位是画家，一位是雕塑家，一位是电视文艺节目的主持人。

餐馆为什么要借用这么一部电影的名称来命名呢？

老板克利马科博士说，因为其中有个“餐”字；与餐馆所提供的服务巧妙地重合，使人一目了然。

此外，以电影名字作为餐馆的招牌，更能显示出餐馆独特的艺术风格，具有强烈的吸引力。

餐馆的布置别出心裁，处处洋溢着艺术情调、艺术魅力。

餐厅的墙壁上挂着几百幅电影剧照，每把座椅背面都印有各国电影明星的名字。靠近酒台一张桌边的三张椅子上，分别引人注目地写着世界影坛巨星弗雯丽、玛丽莲·梦露、史泰龙的名字。

光顾餐馆的大部分是电影迷，是影星的崇拜者。

更为有趣的是，在顾客们进餐时，艺术家们还创造了一种奇特的“进餐气氛”，揉艺术于饮食之中。

例如，当某位顾客面前摆上餐馆的拿手好菜，胃口大开时，餐厅的灯光会突然暗下来，随即响起一阵奇妙的声音，这是某一部荣获奥斯卡金像奖的电影的音响效果。

虽然它不能像标题音乐那样紧扣主题，但艺术家们的艺术创作却能给顾客增添乐趣，唤起联想，诱发食欲。

饭后，餐馆还供应一盆用咖啡、柠檬、糖、奶油和酒混合而成的独特饮料，艺术家们给这种混合饮料取名为“燃烧”。

据说，喝过这饮料后能使人发暖。由于这饮料中酒的度数很高，点燃后会冒出蓝荧荧的火苗。

而每当顾客用匙子轻轻地搅动饮料时，会听到一种电闪雷鸣的音响，使人情不自禁地想起一场熊熊燃烧的大火，真是妙趣横生、其乐无穷。

经营者们这种以艺术吸引顾客的招数，的确是独具匠心，令人叫绝。

当影迷们置身于电影剧照的包围之中，坐在写有明星姓名的椅子上进餐，欣赏着播放的电影音响效果时，心理上不免产生一种奇妙的幻觉，恍如自己真的同名人们并肩而坐，共同进餐，无不得到极大的满足和欣慰。

同时，顾客们光顾这样的餐馆，除了能与电影明星们“为伍”、品尝到美味佳肴之外，还能了解不少的电影知识、历史典故，获得艺术的熏陶和享受。

无独有偶，在突尼斯则有家不同寻常的“海盗餐馆”，它坐落在地中海之滨一处幽静的海湾边，四周绿树繁荫，鲜花盛开，风景秀丽。相传，在古罗马时代，这里曾经是海盗的宿营地。

如今，海盗作为一个特定历史时期的产物已经消逝，但这块土地上美丽的自然风光和传奇般的故事却吸引了成千上万的游人，成为著名的旅游胜地。

商人们借“海盗”揽客，以奇趣竞争，于是就办起了饶有趣味的“海盗餐馆”。

“海盗餐馆”刻意仿照当年在海上神出鬼没、杀人越货的盗贼们的生活习惯建造布局，与现代餐馆大不相同。

餐馆没有围墙，只是在平地上竖着一个大门，大门两边的地上各放了一条5米长的大铁链和一个大铁锚。迎面的一堵墙旁边砌有两座一人多高的壁炉。据说，这正是古时海盗们烤肉煮汤的地方。

现在，炉子已重新砌过，烹调时，烘炉煎炸、熏煮都用这两座炉子。到了晚上，熊熊的火光把四周海面照得通红，景色十分壮观。

餐馆里没有店堂、餐厅，门的左侧是长着椰子树和棕榈树的一个庭院，树下放着木制的椅子和桌子，供客人进餐。

游客在这里可以一边品尝佳肴，一边欣赏海上景致。

下雨刮风时，可将桌椅搬至旁边的小屋中。小屋盖成山洞模样，窗户很小，里面点着油灯，亮光如豆，随风摇曳，别具风情。

餐馆用具也十分简单粗糙，客人们用大陶碗喝葡萄酒，用橄榄枝扎成的小筐盛放面包和其他东西。

最使客人喜爱和向往的是餐馆里供应的名菜海味，其中从片虾、烤鲷鱼、冷盘虾段、雷粥汤都是地中海周围国家享有盛名的美味，而鲜牡蛎则是来客必点的菜肴。其制作之精细、味道之鲜美，就连来自牡蛎家乡——法国的食客也拍手叫绝。

游人们坐在绿荫树下，品鲜美之海味，听拍岸之涛声，羡水天地之一色，发思古之幽情，无不感到心旷神怡。

因此，“海盗餐馆”终日生意兴隆，宾客如云，由于店小客多，游人们想在此吃上一顿饭，必须提前一星期订座。

另外还出现了幽默饭店、魔术饭店等。

在幽默饭店，食客踏进店堂，就能听到放笑话、相声、小品片段的录音；服务小姐每上一道菜，便会递上一张写有幽默故事的卡片，以供进餐者欣赏。

这种别有新意的餐厅在世界上总是顾客涌门，颇受欢迎。

在魔术饭店里，服务员是魔术师，在上菜的同时，也会为你献上一段精彩的魔术，使顾客口福、眼福兼而得之。

有时，魔术饭店还聘请外地和国外的魔术师在饭店里一展身手，令食客捧腹大笑，光顾者络绎不绝。

随着科技的进步，国外还出现了电脑咖啡厅、电脑餐厅，受到了消费者的欢迎。

其实，无论何种文化定位都营造了一个主题，在此主题下又营造了相应的环境和程式，从而烘托出一种气氛和情调，以此而产生吸引力和新鲜感。

海外某些娱乐业开辟主题公园，其主题有的来自一本小说，有的来自一部电影，有的借助于高科技手段，有的利用名人效应等，五花八门，无所不有。

在文化主题下，可以以中国古典文学中的《红楼梦》为主题，设置主体的大观园和红楼菜系。

可以把签订合同的地方设计为“桃园三结义”以示信用。

可以以《西游记》为蓝本，再造一个地上仙境。

也可以选择外国文学名著，如将《布登・勃勒克一家》中的宴会菜搬出来。

可将儿童餐厅设计为白雪公主和七个小矮人。

采用《星球大战》或《侏罗纪公园》的模式也未尝不可。

在独具匠心的环境中，在鲜明的文化主题之下，饭店也可组织与之相关的专题活动来吸引客人。

可向客人提供服装、道具（以出租或出售形式），并提供基本的脚本，使客人充当演员，而饭店职工当然是基本角色，在他们的组织和秘而不宣的导演下，有声有色的剧情可实现任意的发展。

参加活动的客人还可填写一张自己的介绍表，其中有本人的职业、爱好等栏目，内容可部分虚拟或全部虚拟。

整个活动可进行录像摄制，事后提供给参与的客人。

可以肯定，这样的活动一定会深受客人们的欢迎。

因为在店方的策划下，客人们成为宴席中的新娘、新郎、海盗、大侠、皇帝……古今中外文学剧本中的经典人物。

客人在参与中显示了自己的表演才华，体验了独特的人生经历，这种有趣的活动必然吸引许多客人。

6. 选好开店的最佳时机

人们常说，干什么事一定要瞅准时机，时机就是财富。

投身餐饮业，你已经算是瞅准时机了，但是经营何种业态，却是关系到能否使你赚大钱的重要一环。

何种业态发展前途大?

据市场分析人士预测,未来五年中国消费市场的热点中,快餐业将占一席之地。

据预测,快餐业将迅猛发展:人们饮食越来越追求便利、卫生。

同时,也由于收入的增加,生活条件的改善,人们越来越不愿意把时间花在家里去买菜做饭上了。

因而,快餐越来越受到消费者的需要和喜爱。

所以,你要开一家小餐馆,不妨从卖快餐开始。

"快餐"以制售快捷、服务简便、价格低廉的大众化饮食打开中国市场,并且迅速得到发展。

据调查,至1995年底,我国已有快餐网点28万个,专业快餐公司400家,加盟连锁店超过2000家,快餐店在中国是"忽如一夜春风来,千树万树梨花开",遍地开花,火暴异常。一位作家形象地称为:"大排档涌进城市,快餐业欣欣向荣。"

很多中高档酒家纷纷"屈尊"向大众化发展,改店易名,做起薄利多销的快餐生意。

丰富多彩的快餐满足了人们吃方便、吃风格、吃品位的多层次的需要,使快餐业的消费群体由过去常见的对象,如旅行者、低收入者等扩大到社会各阶层、各种职业,不同收入的消费者。

一般人看来,中国菜肴一向以精工细作、丰富多彩闻名于世,特别是宴席大菜遐迩远闻,即使在乡村宴席中也有"三蒸四炒一汤"的"八大碗"。

人们的印象中,中国菜没有"Quick Lunch"(快的便餐)。其实,神州大地的小吃大多算得上名副其实的快餐。

例如,早餐中的油条、豆浆、稀饭、包子、馒头、油菜茶……午晚餐中的豆花饭、牛肉面、担担面、汤圆、炒饭、炒面……都是既快捷方便又价格低廉的大众食品。

这些传统型的中式快餐在饮食业中占有重要地位,拥有的消费群远远大于南北大菜拥有的消费群。

外国的快餐纷纷抢滩登陆,美国的肯德基家乡鸡、麦当劳、美国加州牛肉面、意大利比萨饼、韩国乐天利是其中的佼佼者。中式快餐受到了前所未有的冲击。

目前,中国快餐市场已为洋快餐占领。在这种情况下,开一家中式快餐是不是明智之举呢？

不要悲观，开中式快餐店的前景也十分广阔，这关键在于你如何去经营管理了，看你能否把智慧变成财富。

而且，与西式快餐相比，中式快餐有不可比拟的优势。这体现在口味与价格的多样化上面。

中国人搞快餐也不过是近几年的事，而肯德基、麦当劳却有很长的历史和经营传统。改变经营观念，不能忽视吃饱以外的一些其他因素。

现代人吃口味是一方面，享受是另一方面。而且这一点也越来越重要。

正如北京城乡贸易中心快餐城主任石先生说："中式快餐吃十回，麦当劳也许只能吃一回。然而，规模化、标准化是快餐发展的必然趋势，如能营造好的就餐环境，用优质服务突出经营特色，中式快餐必将前景开阔。"

前两年，台湾地区从南到北的快餐就是"狗不理包子"，有时甚至 24 小时营业。目前，北京地区一些较成功的中式快餐以其特色明显开始让消费者渐渐接受。

北京快餐店"半亩园"的成功，给了我们许多的启发，这个快餐店外观颇具书香古韵的风格，与周围的几家餐厅截然不同。店内墨绿色桌面，古铜色镶边，墙上挂着中国字画，一张半亩园的小传单折叠起来颇像一部线装的古书。翻看里面的半亩园小记和半半歌，就更让人爱不释手："半生戎马，半生悠闲，半百岁月若烟，半亩耕耘田园，半间小店路边……"等等一系列中国古代文化的风雅气氛，也许是半亩园的顾客们的主餐之物了。

中国的快餐应努力在保持中式快餐传统特色的基础上，吸收西式快餐快捷、标准、规模经营的长处，培育并扩展自己的市场，必可在竞争激烈的快餐业中占一席之地。

"南方大包挑战汉堡包"便是凭借此点。

五年前，杭州南方大酒家开张伊始，便组织技术力量对杭州传统的"百果油包"进行市场调研，在皮子、馅子、制作等工艺上作出改进，推进了肉包、菜包、油包三大系列，一元一只，引来顾客如云。

"南方大包"在杭城一炮打响后，南方大酒家便酝酿其如何发展。

1996 年上半年，他们成立了南方大包有限公司，建立了生产配送中心，实行了规模生产，并开始在全国建立起连锁销售网络。到去年 9 月，南方大包有限公司已在全国 18 个省市建起 100 余家连锁店。

“南方大包”以其强劲的市场扩张力和非凡的业绩，在国内快餐业中迅速崛起。

据悉，享誉世界的麦当劳公司曾赴杭州考察开店事宜，后经市场调查，得出结论：杭州是南方大包的天下，麦当劳无法插足。

中国烹饪学会会长张世尧曾在北京国际快餐设备用品博览会上对众多的外商说，请品尝中国的“汉堡包”吧，你们的汉堡包九元钱一只，我们的“南方大包”一元钱一只。

$ 7. 小型餐馆必须占有“地利”

如果要开家小餐馆的话，就要选择交通方便的地点。

关于开店的地点，我觉得可以设在客人会聚集且能让心灵休息的场所。

如果是五十席座位的餐厅，在开车一小时的范围内，必须要有五十万的人口。

而若在半个小时的车程范围内，聚集了三十万的人口，那么，就有充足的人口能使餐厅成功地经营。

然后，可以选择在当地人较有好感的地方，如绿地、河川、海边、公园等，开一个占地有一百平方米左右的餐厅。

此外，在地点的选择上，还有一点也需要特别注意，那就是餐馆所处的位置里行号的多寡。

如工厂、办公大楼、饭店、银行、证券公司以及百货公司等能容纳量大、人数较多的场所。

这些营业场所的利用率是相当高的。

你可以将餐厅的简介送到这些场所中以便他们多加利用，这样就能确保一定的销售额，对自己有利。

另外，若选择距离从事兼职和打工大学生居住的地方约十五到二十分钟的场所的话，对于你在招募餐馆工作人员方面有很大的帮助。

因此，距离大学校园近的场所，也是良好的条件之一。

在道路方面，最好选择面临主要道路而且具有开发前景的地段。

若是交通状况混乱的话，就要考虑到有没有别的道路通往餐厅。

开一家小型的餐厅，就要选择便利的场所，这是第一要件。稍微离开都市一些，不那么醒目，也是很好的场所，因为便宜的地价可以节省一些开支。

$ 8. 不太方便的地点要开大餐馆

餐饮业和其他行业的一个最大的不同之处，就在于其“产品”(即饭菜)是就地销售，直接卖给消费者。

就像商场一样，餐馆兴旺发达的一个主要条件就是需要“人”前来光顾。只要有众多人前来就餐，就不愁没钱赚。

因此，每个人在开餐馆之前，都会首先想到占有“地利”的方便之所。

然而，人们常说，“人生不如意事十常八九”，这句话体现在餐饮业时，就是未必人人都能选到交通便利，人潮如流的地点。

当你决定开餐馆的时候，可能繁华的地点已经被别人抢先一步取走了。此时，你该怎么办方好呢？

一定不要退却，这种消极态度不是解决问题的好办法。

如果实在找不到繁华的地点，你也可以退而求其次，在不太方便的地点开餐馆同样能赚钱。

但是，你必须记住：不太方便的地点要开大一点的餐馆。

为什么必须开大一点的餐馆呢？道理很明显，因为你不占有“地利”之便，这本身就是一个劣势了，如果你再在这种地方开一家名不见经传的小餐馆，不为人注意，那么生意一定不好。

反之，如果你把餐馆的店面开得大一点，营造出使人感到舒适的气氛，则能够弥补地点不方便的劣势，为餐馆添更多的顾客，从而带来财源。

另外，还需要在饮食饭菜上做些文章，推出一些有特色的菜肴，提高饭菜质量和服务水平，把餐馆的名声打出去。

如此一来，即使地势不太方便，消费者也会克服困难，不惜从远处跑来品尝一下你的美味佳肴。

很难想像，一个店面很小的餐馆能够在上述方面做得出色。

换句话说，即使一个小餐馆能够创造出自己的特色，并且具有高质量的饭菜和服务水平，消费者也愿意跑较远的路前来就餐，但是来到之后，却找不到空位子，那么，谁也不愿意排队等候就餐，既浪费了时间，又得忍受饥饿之苦，真是遭受双重折磨。

一旦人们心中有过这种经历，便会有所担心，从而在心理上就产生了不愿前来就餐的想法。

久而久之，小餐馆的结局只能是“关门大吉”。

因此，如果想在不太方便的地点开餐馆，就必须选择开大一点的。

当然，所谓“不太方便的地点”，一定不能是很偏僻的地方，否则的话，那就太不方便了，谁也不会前来光顾。

所以，一定要掌握好“不太方便”的度究竟是什么。一般说来，这样的地点最起码应该有少量的顾客群，而对于另外的大多数人来说“不太方便”。只要有少量的顾客群作为基础，再把店面开大些，顾客就会越来越多了。

9. 掌握选择地点的方法

选择一处好的开店地点，要对你设想开店的地点进行实地观察、调查。

下面这则例子就体现了实地观察、调查的重要性。

日本东京町有家一日剧扬，此剧场拆除后，改建为西式百货公司。

50 年前，此一日剧场曾轰动一时，因其突破旧观念，在当地的办公区开设剧场，出人意料，因而非常成功。

创办人东宝社长小林一三在筹办期间，每天都去东京町实地观察、调查，日日如此，风雨不改。

他对人的性格、性别、服装、年龄、嗜好等进行彻底的了解，并且针对他们的特性来设计剧场。

结果是剧场落成后，生意非常兴隆。

有志开餐厅的人，一定要学学小林一三的精神和方法。

早上、中午、晚上都要在预定开餐厅的地点观察行人及他们到这个地方的目的（是匆匆过此，还是来溜达，准备寻点消遣……）。

同一地点，白天可能人潮汹涌，而晚间却空无一人，所以要日夜观察。

如果只是大略观察，看到人多就贸然开店而不深究行人的目的（如经过此地是为了购物、换车等），很可能会遭致失败。

尤其是晚上人不去的地点，一定不要开店，因为餐馆一天的营业额最主要的时间是晚上，在中国大小城市，基本上主要是下午五点钟以后。

此外，还要了解开店的地点附近各店的业种。

好地点就等于是一个好金矿，岂可不慎重选择？

地点选好了，还要取决于商品的内容，这便涉及“客层”及“消费群”的特性了。

假如附近有大百货公司，从业人员都很年轻，便可卖西洋风味较重的餐饮。

如果是作业员（体力劳动者）居多，料理的味道便重要一点，因为作业员的体力劳动多。

10. 注意分析餐馆的顾客群

选好了店址，接下来就是要选择合适的顾客群，瞄准其特性展开行动。

如每人能花多少钱？这群客人有永久性吗？能开拓新客人吗？

换句话，就是给自己的餐馆定位。

如果小饭店是开在火车站、轮船码头附近，那么来此就餐的主要是匆匆而过的客人，这些客人对饭菜的最基本要求就是快捷、干净、方便。

因而在车站、码头附近开餐馆，应想方设法搞好速食。

如果小餐馆是开在新的居民区，一般来此就餐的多是居民区住户。

这些住户由于懒得做饭，所以来餐馆图个方便、经济。

因而这类餐馆应该在价格上下大工夫，力争通过薄利多销来扩大客源，力争使居民三餐都来此就餐，这样便可为自己多提供稳固的客源。

如果小餐馆是开在学校里或附近，来餐馆就餐的多为学生、老师。

他们一般多注重环境，比较讲究环境的气氛与情调。

因而在此开餐馆就必须注意搞好就餐环境。

做了这些准备工作之后，你就可以着手去开一家餐馆了。

二、店面装修6则

餐馆的店面装修非常重要，值得多花一些心力和工夫，无论是小餐馆，还是中、高档餐馆，无论是店外装修，还是厅内摆设，都应予以足够的重视。

风水布局及风水装修是餐馆店面总装修不可或缺的，当你决定开始对店面进行装修时，切记，一定要找一位风水大师给你全方位的风水布局及风水装修。这是决定你日后是否能赚钱的关键。

因此，在进行餐馆装修时，必须掌握好一个“度”的问题。

适度的装修可以给人一种安全、舒适、满足的感觉，顾客们可能会因此而时时到你这里来就餐。

每一个就餐者在尚未进餐之前，假如能够享受到那种美好的感觉，那无疑是一件对双方都有利的事情。

因此，店面装修的好坏决定着宾客对餐馆第一印象的好坏，而第一印象又对餐馆的营业额起着重要作用。

所以，高明的餐馆经营者理应掌握有关餐馆装修的各种方法。

11. 餐馆营业场所面积的设计安排

餐馆的餐厅是餐馆的主体，其他场所的装置应以营业厅（即餐厅）为中心，相互密切联系，保持一定的比例。

尤其是餐馆的餐厅面积和厨房面积要保持一定的比例，这样才可为客人提供可口、卫生的饭菜。

一般说来，营业场所和厨房的比例设计在3∶1或4∶1比较合适。

以一家30平方米的店来说，厨房应是7.5平方米，其他22.5平方米则为营业场所（一平方米摆一个位子，即最多同时可以接待23个客人）。

还有，不可遗漏洗手间的设计。商业街虽有共同的洗手间可利用，但若有可能，应当规划设计自用的洗手间，至少应有一平方米的面积。

那么，作为餐馆经营者而言，开多大的一个店比较合适呢？

这要看具体的情况而定。一般情况下，作为初次进入餐馆业的，选好地点后，从小店开始比较稳妥。否则的话，规模大，失利时的损失也会大。

有的经营者片面追求开一家面积大的餐馆，往往带来不好的结果。

笔者一次外出旅游时，经过廊坊火车站附近，发现一家咖啡店，大约可容纳150张椅子。那时是下午2点到3点，客人很少，不到10个人，而服务员却有15人之多。换言之，当时每两位客人可得到4名服务员的招待。但服务人员都在聊天，不理会客人，给人一种不舒服的感觉。

像这种店一定不会赚钱。这就是因为店开得太大了，而宾客太少，以致服务员缺乏服务热情的缘故。

是不是店开得越小越好呢？

并非如此。经营者应该掌握适当的面积，不可太大也不可太小。

在决定面积的同时，也要设定每天的营业额及计算开店费用等，而开店后的营业费用则设定为开店费用的两倍。

此外，一天要供应多少位客人，其平均客单价要定多少才能达成一天的营业目标，也要详细地计算。

不过，不管餐馆的面积多大，一定要显得比例适当、设置协调，显得“雅”一些，客人才可能上门。

12. 餐馆布局的技巧

餐厅的主题与文艺作品的主题相仿，是餐厅服务内容的集中反映。

餐厅的主题包括：确定该餐厅的营业性质或功能，是作为风味厅，还是宴会厅，是作为中餐厅，还是西餐厅；体现该餐厅的销售内容和方式；表明该餐厅的技术力量和专长。

确定餐厅主题，应对餐厅的主、客观环境进行分析。

客观条件包括餐厅经营期间的社会经济形势、气候因素、客源状况及地理位置等一些因素。

主观条件包括餐厅的设施设备、资金财力、技术力量等软、硬件水准。

餐厅的布局，包括餐厅的门面、餐厅的空间、坐席空间、光线、色调、空气调节等各项内容。

对餐厅进行布局的最主要目的就是使餐厅形成一种独特的气氛，为顾客提供一种优雅的就餐环境。

餐厅气氛的优劣直接影响着餐厅对顾客的吸引力。

餐厅经营的经验表明，很多餐厅之所以倒闭，就是因为没有进行餐厅气氛的最优化的设计。

一般而言，餐厅的气氛包括两个主要部分：一种为有形气氛，如餐厅的位置、门面、内部装潢、空间布局等方面；另一种是无形的气氛，如服务人员的态度、礼节以及让顾客满意的程度等。

餐厅内部的布局是形成餐厅气氛的重要因素，所以经营者应予以充分重视。

餐厅内部的设计与布局应根据餐厅空间的大小来决定。

由于餐厅各部门所占空间的需要不同，因而在进行整个空间设计与布局规划时，应统筹安排，既要考虑到客人的安全感与便利性、营业各环节的机能、实用效果等因素，又要注意全局与部分间的和谐、均匀、对称，体现出浓郁的风格情调和餐厅气氛，使客人一进餐厅在视觉和感觉上都能强烈地感受到形式美与艺术美，从而得到一种享受。

餐厅通道的设计布置应流畅、便利、安全，切忌杂乱。

餐厅座位的设计、布局，对整个餐厅的经营影响也很大。

一般来说，要根据餐厅面积的大小，按座位的需要做适当的配置，使有限的餐厅面积能最大限度地发挥其运用价值。

餐厅动线的安排也必须十分讲究。

餐厅动线是指客人、服务员、食品与器物在厅内的流动方向和路线。

客人动线应以从大门到座位之间的通道畅通无阻为基本要求。一般说，餐厅中客人的动线采用直线为好，避免迂回绕道。任何不必要的迂回曲折都会使人产生一种人流混乱的感觉，从而影响或干扰客人进餐的情绪和食欲。

餐厅中服务人员的动线长度对工作效益有直接的影响，原则上愈短愈好。

在服务人员的动线安排中，注意一个方向的路线做出的动线不要太集中，尽可能除去不必要的曲折。

有的餐厅别出心裁地设置了一个“区域服务台”，既可存放餐具，又有助于服务人员缩短行走的动线，十分实际。

13. 营造适应经营风格的气氛与情调

一个餐厅应设计营造出一种适应经营风格的气氛与情调。

外国餐厅，如法式餐厅、意大利餐厅、日本餐厅就要创造出异国情调。

异国情调的设计要布置各国会客、就餐的家具，桌上摆放各国的国旗，周围陈列各国的民族工艺品，在餐厅中播放各国的名曲与民歌。

例如日本情调的餐厅可以铺上榻榻米，使用整套日式餐具，供应日本菜，播放日本民谣。服务员身穿和服、口说日语等。

经营风味特色菜的餐厅也要营造相应的气氛和情调。

儿童餐厅的环境和气氛要适合儿童心理、受儿童的喜爱。

台湾的一些儿童餐厅以动画片和著名的童话故事为背景来装修餐厅。例如以匹诺曹、白雪公主的背景来布置。

将餐厅装潢成太空世界也很吸引人。

综上所述，餐厅的气氛和情调由多种成分组成，它通过装潢和布局、家具与陈列品、照明与颜色、餐厅中的人和音乐等烘托出来。

14. 清洁是重要的

餐厅的环境、气氛和情调是餐厅一种无形的推销工具，是组成客人就餐经历的重要部分。它们能影响客人的就餐情趣和满意程度。

现代餐饮业把“清洁”当作视觉上的商品，是餐饮业的命脉。

清洁是顾客选择餐厅，同时也是餐厅争取回头客的基本要素。

餐厅的清洁卫生包括各个方面。

比如，外观要整洁，要求招牌颜色鲜艳，文字清晰，灯火不能有破损。

餐厅内部的地面、桌椅必须光洁整齐，墙纸干净无剥落，餐具清洁卫生。

餐厅的后台——厨房也必须保持卫生。

洗手间往往是被管理人员忽视的场所。一位餐厅经理曾对顾客做调查，询问就餐最重要的因素是什么时，出乎意料的是认为洗手间的清洁为最重要因素的顾客的人数最多。

因此，餐厅要改变洗手间不是清洁之地的传统观念，管理人员要以洗手间是顾客“休息处”的标准来维持清洁卫生。

既然“清洁”是一种商品，那么“清洁”的制造过程就不应轻易让客人看到。

餐饮店的清扫每天分开业以前和停业以后两次清扫为最好。

注意，千万不要在客人用完餐之前就动手打扫卫生！

这种做法不仅会在客人面前损害餐厅的形象，并且还似对客人下逐客令而引起客人反感。

在餐厅营业时，要随时清除客人留下的废弃物，以保持餐厅的清洁形象。

15. 装修应符合大众心理

餐馆装修的一个重要原则，就是能够吸引人。而要想做到这一点，就必须考虑大众的心理，使装修符合大众心理。

但是，有很多经营者往往忽略了这一点，在装修时陷入了误区。

野山坡酒家是坐落在北京市某大学校门外的一家小餐馆。与周围的餐馆相比，这家小餐馆的门面装修得十分华丽：红漆的门柱，古朴中透出高雅；门是咖啡色的钢瓷玻璃门；两位身材窈窕的服务小姐侍立两旁，随时准备恭候客人的光临。

如果再仔细端详的话，还能透过餐馆的玻璃看到餐厅内光彩夺目的餐桌，其上的几朵插花更是为其倍添高雅。地上铺的是猩红的地毯，更是显示出与一般餐馆不同的气派。

到了晚上，门口的霓虹灯闪烁不定，也给餐馆增加了几分美丽。

无论在谁看来，野山坡酒家都应该是就餐的绝好去处和最佳选择。

可是，就是这么好的一家餐馆，却宾客寥寥，反而不如周围装修一般的餐馆的客人多。

为什么会如此呢？

原因不是别的，就是因为它太“好”了——过分豪华的装饰吓跑了想来此地的客人。

既然是在大学校门外开餐馆，当然目光要盯在老师和学生的腰包上。但是，老师和学生的腰包并不鼓囊，而野山坡酒家没在经营上下工夫，却把主要精力放在了餐馆的装修上了，结果当然适得其反，弄巧成拙，把潜在的客源都吓跑了。

由此可见，装修一定要掌握一个“度”。

小餐馆的装修，要以能为客人提供舒适的就餐环境为目标，切忌过分华丽的装饰。

但是，也绝不能把各种类型的餐馆相提并论。对于中、高档餐馆来说，还是应当讲究一些的，要有一定的“档次”。

总之，要根据顾客群确定装修的度，这就是“大众化”的具体含义。

16. 让顾客拥有“属于自己的餐厅”

随着21世纪的来临，那种好吃、便宜又快乐的真正外食企业群，可以说还相当的少。

这其中还有本来经营晚餐的餐厅，兼着提供打折商品，但也只是聊备一格而已。

因此，“东京大白鲨”或“大阪大白鲨”就成了日本当地令人注目的餐厅了。

客人若到过这些餐厅，理应会爱上它，而且越去越想去。

但是对家庭式餐厅而言，却并非如此。

这种现象，至今仍有许多人在讨论。

其中最大的原因，就是不管哪一家经营的家庭式餐厅，菜式都差不多，而且也失去了让人内心产生惊喜感觉的因素。

所以就不够吸引人。

为什么不够吸引人呢？

因为所有的家庭式餐厅，都只是由模仿着别人的商品构成的。

其他店卖得好，我就推出；

其他店有卖，我也要卖；

自己的店里多了多少分量，素材多了几样，价格便宜或贵了几元等等。

这其中的差异，微小到在客人的印象里，几乎等于没有差别，只是一味的抄袭罢了。

从客人的立场来说，他们追求的是价值高的东西，绝非只是因为商品单价低才去某家餐厅。

他们追求的不仅只是单价低，而且还是细心服务，以及亲切的招待——一种“属于自己的餐厅”的舒服体会。

唯高博士欢迎您！

唯高博士语录：

书中自有黄金屋，《唯高餐饮·经典图书》给你带来了启发及经验，定会转化成你的财富。

唯高博士欢迎您！

唯高博士语录：

开餐馆是一项系统工程，相辅相助相关联的专业很多。如：餐馆专业、管理专业、设计专业、厨师专业、营销专业、服务专业、采购专业等。如何能使其五花八门的各种不同的专业为餐馆所用，这就是开餐馆的能力和本事。

外观装饰得很漂亮的餐厅，让人多少存有警戒之心而拒而远之。

相当了解外观和内在有所差异的消费者，为数是众多的。

我确信，重视发自内心的细心服务，让客人至少能慢慢用餐一个半小时的以及虾蟹等海鲜为主的餐厅，才是最有发展空间的。

试想，一个餐厅若只是单纯追求利润，为加快回转率，不断做出催促客人加快用餐速度的提示，是多么的令人反感和沮丧！

若一个餐厅的服务小姐或先生动作举止粗枝大叶，态度冷落怠慢，会让人感觉，自己只是一个匆匆而过的用餐者，而并没拥有自己的餐厅。

这二者的区别多么大！

三、菜单制作 6 则

菜单是餐馆提供的饮食商品的目录。

一家餐馆将自己提供的具有各种不同口味的餐饮商品，经过科学而巧妙的组合，排列于一张精美的纸张上，供光临餐馆的“上帝”们从中进行选择。其内容主要包括食品、饮料的品种与价格。

在一家餐厅，客人们可以从其布局和装修上捕获到在这家餐厅可以吃上什么等信息，但是这太微不足道了。

能给“上帝”们提供这种信息的最大信息源还是这家餐厅的菜单。

因此，可以说，菜单是餐厅的“第一推销员”，是首屈一指的“推销员”。

正因如此，餐馆的经营者才应当重视菜单的制作，为顾客们提供美轮美奂的菜单，以便更好地满足客人所需。

17. 菜单的基本内容有哪些

一份菜单在内容上应首先排列出菜品名称和价格，这是最基本的。

餐厅供应的食品种类繁多。

西餐有开胃小吃、冷菜、热菜、甜食等；

中餐有冷菜类、热菜类、海味类、蔬菜类、汤类等。

一份菜单应按菜肴食品的类别有顺序地进行安排，使客人一目了然，便于客人的选菜与订菜。

只列出菜的名称还不够，同时还要对菜品作适当的解释。

因为我国的菜肴品种繁多，制作精细，形色美观，吃法讲究，尤其是我国的一些名菜是以物景、典故和传闻来定名的，一般人先从菜名上是看不出菜的内容、吃法和特色的，这不利于客人的点菜。

因此，在菜单上做些简单的说明和解释是很有必要的。

这样，客人根据简单的说明，可想像菜肴的色、香、味、形，从而做出选择。

但有一点要注意，那就是说明不能夸张，以免客人因想象与实际不符而感到失望，有一种受骗的感觉就不好了。

这些简单明了的介绍文字的促销作用十分明显。

客人看到一长串菜名不知所选时，简短有趣的文字介绍往往使客人茅塞顿开，餐厅与客人间的距离就会缩短。

18. 如何选择菜单形式

设计一份好的菜单，要给予它秀外慧中的形象。

菜单的式样、颜色都要和餐厅的等级、气氛相适应。

另外，菜单的形式要多样化。

例如多数餐厅使用的是桌式菜单。这些菜单印制精美，可平放于桌面，也可将具有画面照片的菜单折成三角形或立体形，把它立于桌面。

这种菜单适合于快餐厅，也可用作特别推销各种特选菜肴。

活页式的桌式菜单也可采用，这种菜单便于更换。如要调整价格、撤换活页等，用活页菜单就十分方便。

悬挂式菜单（包括空吊式或墙壁张贴式）也是一种很好的菜单形式，容易引起客人的注意。

在恰当的位置、用良好的材料吊挂或张贴菜单，并配以悦目的彩色线条、花边，可以使餐厅环境得以美化、艺术化。

有些大饭店，客房内的早餐菜单还常用一种悬挂式的门把菜单。

19. 菜单设计的六个依据

设计、筹划菜单不能闭门造车，全凭自己的想象。

一份菜单虽然包含着设计者的创造成分，但更多的是依据自己的实际情况制订而成的。

一般来讲，设计菜单要考虑以下的六个因素：

(1)地方特色

饮食是人们最基本的生活需要，同时也是民族的地方传统文化、风俗习惯及艺术的反映，这就是所谓的饮食文化。

所以，菜单的设计首先要考虑的是具有地方特色。

很多家餐馆、餐厅就是靠这种地方特色吸引顾客。

地方特色主要表现在菜食原料、烹调过程、色香味形、食用方式甚至餐厅环境等保持一定的风格特色。

此外，还要考虑不同餐厅的不同特色，如北京的餐厅要突出京菜特色，湖南餐厅要突出湘菜特色，法国餐厅要有法国特色，韩国餐厅要有韩国特色等。

(2)市场需求和顾客爱好

开餐厅就是为了赚钱，而要赚钱，你必须要有顾客，你的产品必须要有市场，这样，你才有生意可做，才有钱可赚。

餐厅里的一切饮食都是为宾客需要而制作的。

饮食要为顾客们喜爱、接受，就必须进行市场调研，制定出符合市场需求的菜单。

市场调研的目的是为了了解市场，确定市场，了解哪些菜点、食品有市场，市场容量有多大，这些食品的市场寿命周期如何，从而弄清楚各种饮食的市场情况，进行菜单的设计。

市场调查主要要了解宾客对各大菜系的爱好情况，对本地特色菜的喜爱程度，对色、香、味、形的要求和嗜好，对菜食种类、品种、数量的要求，对价格的接受程度，同行业的市场情报等等，以此作为设计和制作菜单的依据。

(3)食品原料的供应情况

巧妇难为无米之炊。

有了原料，才能烹制菜食。

如果原料的数量能保证供应，价格也合理，那么用该原料烹制的菜食就可上菜单，否则就不能列入菜单。

在原料供应上，要考虑通过正当途径保证原料正常供应的数量，通过努力能争取到多少，某种食品原料有无供应基地。

另外要考虑食品原料的季节性，储藏的难易程度；还要考虑到本餐馆的原料库存能力和状况。

(4)技术水平

技术水平是制订菜单的关键。

没有技术力量的保证，菜单只能是空中楼阁。

技术力量包括厨师的烹调技术和服务员工的服务技术。

厨师的烹调技术是主要的，有什么样的厨师，就可以列出什么菜品的菜单。

如果要想发展或增设某些菜品，但厨师力量又不够，那么要先培养厨师。

有了技术力量，达到一定的技术水平之后，再设置相应的菜品。

(5)成本与价格

菜食作为一种商品是为销售而生产的。

所以菜食的产与销都要考虑到菜食的成本与价格。

成本太高，顾客难接受，该菜食就缺乏市场，餐厅就会门可罗雀。

如果压低价格，就会影响毛利，甚至还会亏本。

因此，制定菜单，必须考虑成本与价格这两个因素。

从成本角度来说，虽然在食品制作时已确定了标准的成本率，但并不是每道菜都符合标准成本率。

因为对于有些高成本的菜肴，不能一味提高其价格或获取按规定毛利率要求的毛利，只能通过适当提高某些成本低的菜肴的毛利率来补偿。

所以，在制定菜单时，既要注意一道菜中高低成本的成分的搭配，也要注意在一张菜单中高低成本菜肴的搭配，以便制定有利于竞争和市场推销的价格，并保证在总体上达到规定的毛利率。

(6)花色品种与季节的因素

一张菜单的设计，要注意各类花色品种的搭配，既要保持传统风味、地方特色，又要不断研制新花色、新品种，在食品的色彩、形状、香味等方面下功夫，增加食品的吸引力。

同时还要考虑季节因素，配合季节上市的时鲜菜，安排适合当今季节的菜肴。

20. 菜单制作要体现自己特色

餐厅首先要根据自己的经营方针来决定提供什么样的菜单，是西式还是中式，是大众化菜单还是地方风味菜单。

菜单设计时要尽量选择反映本店特色的菜肴列于菜单上，进行重点推销，扬己之长，避己之短。

即使大众化的餐厅，往往也有几道拿手菜、看家菜，因为如果你没有几道稳得住、立得牢的看家菜，便很难吸引老主顾，也很难拉来新客源。

因此，设计菜单一定要突出你的特色，突出你的“拿手好菜”和“拳头产品”，把它们放在菜单的醒目位置，单列介绍。

只有体现了自己的特色，才能给顾客留下深刻的印象。

21. 菜单制作要讲究艺术性和美感

如果不看菜单的实际功用，只从艺术的角度去看它，一张小小的菜单完全应该是一幅艺术作品。

设计菜单，要从艺术的角度去考虑菜单的形式、色彩、字体、版面安排，而且还要方便客人翻新，使菜单成为餐厅美化的一部分，给餐厅增色。

具体一点说，设计菜单应做到：

(1)风格一致

菜单的艺术设计必须适合餐厅的整体风格，包括经营风格、装潢风格、家具风格、菜肴风格等。

例如：历史悠久的北京老亚兴饭店的菜单封面以古铜色为基调，上绘松鹤古灯，给人以古朴典雅之感。

仿膳饭庄则以黄色为基调，上绘三龙戏珠，处处显示出自己的皇家气派。

目前，菜单的彩色化趋势十分明显。

彩色菜单更动人、更有趣味，但要主意：只能把少量文字印成彩色。因为大量的彩色文字读起来既不容易又伤眼神。

最好的办法是选用浅色纸，既不增加成本又能使菜单显得更美。

也可使用宽彩带菜单，不论纵向或横向粘在封面上，都可增加菜单的色彩，使它与周围环境相映成趣。

(2)印刷精美

印刷精美菜单的费用是餐厅总预算中可观的一笔。

由于这个原因，经营者总希望高投入带来高产出。

但在菜单制作问题上，是不能“抓了芝麻、丢了西瓜”的。

如果现用菜单已不能有效促销，就要及时更换，重新设计。

不妨把菜单比喻成餐厅的“脸”，正如青春少女不惜重金美容护肤一样，餐厅也应树立正确的投资观念。

花些本钱来修饰这张“脸”，使它成为餐厅档次的象征、质量的承诺。

有些餐厅使用夹页式菜单，只换夹页不换夹子；时间久了，菜单表面肮脏破旧，影响了顾客的食欲，破坏了餐厅的形象。

(3)创意独特

任何事业的成功都需要不断创新，餐饮业也是如此。

菜单也需要来一点别出心裁，使其不落俗套。

上海新锦江大酒店在接待日本贵客时，曾设计出集中国书法、绘画技艺和精美菜肴绝佳组合的扇子菜单，深受客人欢迎。

构思奇妙、蕴意深刻的菜单能使人长记在心，毫无特色的菜单让人过目即忘。

有的餐厅设计的独特菜单不仅起到了很好的宣传作用，而且还艺术品出售，收入颇丰。

菜单的独特创意还可与餐厅特色结合起来。如有家名叫"巴巴拉兹"的馅饼馆，它的菜单展开来就跟一张馅饼一模一样，这颇有独到之处。

再如专营野味的餐厅要是将菜单印在兽皮或仿兽皮上，模仿成野兽形状，也是十分妥帖自然的。

总之，设计筹划菜单只有遵循上述原则，才能使它真正成为餐厅的宣传工具、促销工具，成为你最得力的"推销员"。

22. 充分发挥菜单的六大功能

在现今社会，菜单可以说是餐饮经营的精髓所在，甚至有人把餐厅经营管理的成功归结为餐厅菜单设计的成功。由此可见菜单在餐厅经营中起着多么大的效用。

(1)沟通的渠道

菜单是经营者与消费者之间的沟通渠道和工具。

"上帝"落座餐厅后，要吃要喝的第一步就是要点菜，凭据菜单选购自己所喜欢的菜肴和饮品。

而经营者则通过菜单向客人推荐。

经营者和消费者通过菜单开始交谈，信息通过菜单开始传递。

所以说，菜单是沟通双方的渠道，是连接餐厅和顾客的链条。

为客人所喜欢的菜单，像一支兴奋剂，能激发客人的食欲，它既可满足客人的饮食需要，又能扩大销售额，增加餐厅的收入。

(2)艺术品和宣传品

一份精心设计的菜单，装饰精美，雅致动人，色调得体，洁净闪光，不仅读起来赏心悦目，而且能增加顾客的舒畅心情。

这样一份菜单映入顾客的眼帘之后，顾客立刻就会对餐厅的经营和烹调产生一种信赖和好感。

单凭这份菜单，就能使顾客慷慨解囊，乐于点上几道佳肴，体会那种由菜单的艺术设计而产生的独特情调。

不仅如此，客人还可以将这份精美的艺术作品带回去，与亲朋好友共享其中的艺术品味，怡然自得。

这个过程，实际上就是无形中的广告宣传过程。

而一份龌龊不堪、污斑点点、印制粗劣且读起来又艰难费劲的菜单，给人的第一印象就是不堪入目，给人的第一感觉就是脏、难受等不好的感觉。

这样的感觉和印象一旦产生和形式，客人怎么会对餐厅的服务产生兴趣呢？

相信这时无论餐厅的菜肴多么可口、味道多么鲜美、价格又多么合理，恐怕也不会改变客人对餐厅的印象。

(3)餐厅菜肴特色和水准的标志

每一家餐厅都有自己的特色、等级和水平。

而一家餐厅所供应的饮食要在品种、质量、价格等方面由菜单反映出来。

所以常常是客人从菜单上就能知道这家餐厅的特色和水平。

菜单是发送信息的印刷品，它配有文字，饰有图案、图画，套有色彩，附有食品和菜肴的图例。

所以菜单应能体现餐厅的高雅服务和经营风格，并能反映出餐厅的整体风貌。

只有这样，才能让你的顾客产生深刻的印象。

(4)最大的信息源和无声的广告

餐厅的布置和装修告诉人的是餐厅的外部信息，而一张小小的菜单提供给客人的是餐厅的内部信息，使人一眼便知餐厅有哪些可餐之食。

此外，一张设计优秀的菜单还有其他几方面的信息。

首先是告知性信息。它包括饭店及餐厅名称、特色风味、营业时间、加收费用、信用卡支付、电话号码、地址方位等。

经有心人士调查，国内多数餐馆、饭店的菜单上标明的信息不够全面，特别是餐厅电话号码的遗漏，很可惜地放弃了一个绝佳的推销机会。

而国外的餐馆菜单，无一例外地均以黑体大一号字体在首页或封底注明该餐厅的电话号码。

小小的电话号码，恰恰表明了促销观念的巨大差异。

其次是信任性信息。

由于一些经营者观念错误或只重眼前利益，这类信息被忽视或扭曲。

比如有些菜名过分离奇，虽能先发制人，但太过分反而会给人以受骗上当的感觉。

又如注明准确的菜品份额，大小盘尺寸，尤其是名贵菜品按重量、个数计价，能给人以货真价实之感。

再比如在菜单上公布企业信条，也是对顾客的郑重承诺。

风靡世界的麦当劳快餐在其菜单上标明了“质量可靠、服务快捷、清洁卫生、价格合理”（Q、S、C、V）四项承诺，从而征服了亿万消费者的心。

再次，一份菜单还应包括一些荣誉信息。它有助于树立餐厅、饭店的形象。

如餐厅历史背景、特色、知名人士对本餐厅的光顾及赞语、权威性宣传媒介对本餐厅报道中的妙语选粹等，应简明美观地列在菜单的首项。

一张菜单包含了如此多的信息，无疑是餐厅中最大的信息源，而这些信息又以菜单为载体向顾客传递着。

这又是一处无声的广告。而无声的广告在一定情况下最具说服力。

菜单的设计、制作、装潢、内容等从客人看到它第一眼起，就默默地向客人传递着一种具有广告作用的信息。

这种信息能对客人产生深刻的影响，因为它不仅容量大，而且是无声的，具有更强的说服力。比起耳朵，客人更相信自己眼睛所看到的。

(5)信息反馈的渠道

菜单不仅能发出信息，而且还能反馈信息，是信息反馈的渠道。

客人点菜的种类、多寡、某道菜被点的频率，都反映了客人的嗜好。

作为餐厅老板，你可根据客人点菜的情况，了解客人的口味、爱好，以及客人对本餐厅菜点的欢迎程度等等。

通过这些信息反馈，不断改进菜肴和服务质量，以迎合顾客的心理，达到使餐厅盈利的目的。

(6)餐厅业务活动的总纲

菜单是餐饮服务设施的基础，是餐厅服务工作的依据。

菜单在很多方面，以多种形式影响和支配着餐厅的服务系统。

餐厅选择购置的设备、炊具、工具和餐具，无论是它们的种类、规格还是质量、数量，都取决于菜单的菜式品种、水平和特色。

炒勺难以烹制出地道的牛排，烤板不适宜炒青菜；

制作北京烤鸭需要使用挂炉，烤乳猪和烤羊肉串却常用明烤炉；

上龙虾需配夹和叉，上蜗牛需配钳和签。

显而易见，每种菜式都有相应的加工烹制设备和服务餐具。

菜式品种越丰富，所需设备种类就越多；菜式水平愈高愈珍奇，制作工艺越复杂，所需的设备餐具也就愈特殊。

总之，菜单决定了厨房、餐厅所使用的设备的数量、性能与型号等，因而在一定程度上决定了餐馆的设备成本。

菜单决定了餐馆员工的技术水平、工种和人数。

菜单标志着餐馆服务的水准和特色。

而要实现这些水准和特色，还必须通过厨师烹调和餐厅服务。

烹饪和服务是一门艺术，既是艺术，必有水平高低之分。

所以，餐馆的老板根据菜式制作和服务的要求，配置具有相应技术水平的厨师和服务人员。

菜单的内容规定了食品原料采购和贮藏工作的对象。

菜单的类型在一定程度上决定着采购和贮藏活动的规模、方法和要求。

比如，使用固定菜单的餐馆，由于菜式品种在一定时期内保持不变，它所需要的食品原料的品种、规格等便也相应固定不变，这就使得餐馆在原料采购方法、采购规格标准、货源、原料贮藏方法、贮藏要求、仓库条件等方面能保持相对稳定。

如果餐馆使用循环菜单或变换菜单，则会产生不同的情况，食品原料的采购和贮藏活动会变得繁琐复杂。

菜单也决定了餐饮成本的高低。

菜单在体现餐饮服务的规格、水平、风格、特色的同时，也决定了餐饮成本的高低。

用料珍稀、原料价格昂贵的菜式过多，必然会导致较高的食品原料成本。

精雕细刻、煞费匠心的菜式过多，又会无端增加劳动成本。

所以说，菜单制定是否合理，各种不同成本的菜式数量之间的比例是否恰当，直接影响着餐馆的盈利能力。

菜单影响着厨房的布局和餐厅的装饰。

厨房是加工制作餐饮食物的场所，厨房内各业务操作中心的选址，各种设备、器械、加工工具的定位，应当以适合既定菜单内容的加工制作需要为准则。

中餐与西餐厨房的布局安排大相径庭，这是因为它们烹制的内容不同，过程不同，所用的设备和工具也不同。

即使同是中餐厨房或是西餐厨房，也会因各家菜单在菜肴特色、加工制作方法、品种数量比例等方面的差异而产生各自需要的特定布局。

餐厅装饰的目的是形成餐饮产品理想的销售环境，因此，装饰的主题立意、风格情调以及装饰陈设、灯光色彩等等，都应与菜单内容的特点相协调，以达到环境体现餐饮风格、气氛烘托餐饮特色的效果。

由此可见，菜单不仅是连系餐厅服务各个环节的链条，更重要的是它有广告和推销作用。

所以聪明的老板们无不在菜单上做文章，试图加深客人对自己餐厅的印象和了解，并通过信息的广泛传递，招徕更多的客人。

美国有一家名为“沙斯卡”的餐馆，菜单上记有一首“膳颂”，其文字妙不可言。现摘录如下：

生活中可以没有诗歌，没有音乐，没有艺术；
生活中可以没有良知，没有心肠；
生活中可以没有书刊，没有亲朋；
没有厨师，可有人活在世上？
没有书刊，我们依然生活，知识只是忧伤；
没有希望，我们依然生活，希望只是欺骗；
没有情爱，我们依然生活，情爱只是渴望；
不吃不喝，可有人活在世上？

短短叙语，就道出了饮食在生活中的必不可少。

这些话不仅给菜单增添一番情趣，而且也起到了促销的作用。

上海新锦汇大酒店曾接待日本天皇明仁和皇后美智子。

酒店公关部从日本人喜爱小折扇的传统出发，结合天皇夫妇至高的皇家身价，设计出集中国书法、绘画技艺与精美菜肴绝佳组合的扇子菜单，配以红木小托架。

盛宴中，100 份极具特色的小菜单极受欢迎，日方在餐毕纷纷将小折扇仔细折好，收入怀中。

创意独特、新颖的小折扇菜单无疑会起到广告宣传和促销的作用。

恐怕在日本政界，上海新锦汇大酒店已经大享其名了。

由此可见菜单的作用之大！

四、餐具保养3则

餐具是餐馆硬件的重要组成部分之一。

餐具保养的好坏，也会直接影响到餐馆的经营活动。所以，餐馆老板应当树立正确的餐具保养观念，学习餐具保养的正确方法，力争搞好这项工作。

由于餐馆经营知识的缺乏，很多餐馆老板对餐具保养的重要性认识不足，甚至有的根本从未想到这一点。

实际上，餐具保养的好处还是有很多的。比如：

(1)餐具保养与否及保养效果的好坏，是经营者和服务人员是否有责任心的表现。

如果连餐具都无妥善保养，那么顾客就会认为这家餐馆缺乏服务的热情和为顾客尽心尽力的精神。

(2)餐具保养的效果影响整个餐馆的环境与气氛。

完好和洁净的餐具，给人以耳目一新之感，令就餐者心情愉快，因而顾客便会常常光顾此地。

(3)餐具保养的好坏，还体现着经营者的实力。

如果一家餐馆的餐具保养得很好，则表明该餐馆的生意一定不错。因为生产不好的餐馆老板是没有积极保养餐具的热情的。

据此，顾客就会对在该餐馆就餐感到放心，不会害怕发生食物中毒等问题。

综上所述，我们可以得出一个结论，餐馆老板应该也必须注重餐具保养的工作。

23. 购买餐具时的注意事项

餐具保养的最初工作，实际上从购买餐具时就开始了。

为什么这样说呢？

这是因为，只有购买到适宜的、完好的餐具，才能发挥出餐具保养工作的应有作用。否则，即使你的餐具保养工作做得再细致，方法再得当，也无济于事。

那么，怎样才能保证购买到适宜的、完好的餐具呢？

具体说来，应从以下几个方面入手：

(1)要选择合格的厂家生产的合格产品

别看杯、碟、碗、筷这些都是小东西，你也应当到合格的厂家去购买才行。因为那些厂家质量和信誉有保障。

目前，在很多自由批发市场里都有出售餐具的，但是，那里的产品一般都是次品，质量并不可靠。一旦买回来使用，是很容易发生问题的。

比如，由于偷工减料，致使碗碟比较薄，使用时稍有不慎便摔坏了，这种损失是不必要的。

(2)仔细挑选，亲自把关

到了合格的餐具生产厂家或出售餐具的商场，应当亲自挑选各种餐具，事情虽小，但也马虎不得。

(3)挑选哪些质地好、花样新颖、能吸引顾客的产品

经营者应当具有鉴别餐具的外观是否适合自己餐馆的眼光，根据自家餐馆的档次和装修色调来选择。

只要在以上三个方面多加注意，就一定能挑选到好的餐具。

24. 餐具保养应由专人负责

餐具保养工作即然如此重要，经营者就应当认真对待，最好挑选出合适人选专门管理此事。

照理说，餐具保养工作也并不轻松，所以也应该由专人来负责为好。

由专人负责餐具保养工作，具有以下几个方面的好处：

(1)有利于把餐具保养工作真正落到实处，专人负责，万一出了问题也好处理，直接追究保管者的责任就可以了。

(2)有利于节约开支。

从表面上看，派专人从事餐具保养工作，似乎增加了餐馆的开支，但实际上却并非如此。

试想，如果不派专人保养餐具，从而导致餐具时有损坏，或令顾客使用了不洁的餐具，则必然会给餐馆带来更大的损失。

因此，由专人负责餐具保养工作实际上大大降低了餐馆的损失，减少了餐具保养不力所带来的不良后果。

(3)利于督导每个员工都尽职尽责地工作，建立起责任感。

假如看到老板对餐具都非常重视，那么服务员和厨师都会想：老板对其他方面的工作一定更加重视，我一定得好好工作。

25. 注意餐具保养的细节

餐具保养工作非常琐碎，因而有很多细节性的问题需要多加注意。

(1)常使用的餐具和经常使用的餐具不应混在一起，要放在不同的碗橱内，以便方便使用。

(2)桌上的杯、碗、碟、筷子应放置有序，避免杂乱不堪。

(3)使不常使用的餐具，也应当经常进行擦洗，这样可以保证餐具的卫生清洁，万一使用时也易于迅速清洗。

(4)餐具稍有损坏，就应及时告知老板更换它们。

有的人认为，餐具碰掉一小块是微不足道的事情，实际上这种想法是不对的。

顾客到餐馆就餐，要求的是完美无瑕的服务。在现实中，我就经常碰到顾客要求更换有损坏现象的餐具。

以上几点，都是一些细节性的问题，但正是这些细节决定了餐具保养工作的好坏，并最终影响了餐馆的盈利多少。

五、饮食饭菜 15 则

餐馆的最基本和最重要的功能，就是为顾客提供适宜的饭菜。

因此，一家餐馆经营状况的好坏，虽然与其他因素有关，但是归根结底还得取决于饮食饭菜。假如所提供的饮食饭菜不够美味，质次价高，那么，即使这家餐馆在其他方面做得再出色，也无法吸引客人。

现在，各地的餐馆数量众多，而任何一家餐馆所提供的饭菜差别也不太大，因此，若想让自己的餐馆在激烈的竞争中立于不败之地，继而脱颖而出，就必须使自己的饭菜与众不同。

面对千篇一律的饮食饭菜，人们都已感到厌倦。现代人所追求的已经不仅仅是填饱肚子，更重要的是想吃出一份心情与激动。

为了能把那些日益变得挑剔的顾客不断吸引到自家的餐馆里来，经营者就不得不多花些时间开发出具有“新、奇、特”风味的饭菜。

26. 以更低的价格进货

如要省掉中间的批发程序，就能以更低的价格去进货。

应该如何做，才能使贩售价格的落差更大，并使餐厅生意蒸蒸日上呢？

其中最有效的做法还是刚才提到的：就是省去中间的批发程序。

所谓省去中间的批发程序，就是寻找不在中间分担风险并从中获取适当利润的业者，而是由你自己的餐厅取而代之。

负担风险，然后才能降低进货的价格。

那么，其中必须要负担什么样的风险呢？

简而言之，你可以想想那些风险要如何克服会比较好。

从事贸易工作的人，大都应该明了其中的困难，对餐饮业还有必须克服的特殊部分。

第一个需要负担的风险，就是破损、变黑、内容缩水这些品质上的问题。

第二则是有关商品贩卖信用上的问题。

其中第二个问题，只要保险就能完全解决了。最伤脑筋的还是第一个品质上的问题。

我想很多人会担心“不会经常蒙受损失吧?”这个问题。

为了避免这个风险，就必须要事先和对方在折损率方面订定契约。

在契约中，最好明文规定尺寸、重量、品质及不良品质的发生比率等。

如果货物运到手的采样检验中不良品质的发生比率超过百分之十，超过的部分由卖方负赔偿之责。

像这样，风险负担最高到百分之十，要将这部分加入原价中计算。

当然，几乎所有的素材在有百分之十以上的不良品产生时，都能再加以利用。

例如螃蟹的蟹肉很差时，你就不能拿来做“全蟹”，那样一点价值都没有。

但是，你可以将蟹肉取出，做成“蟹肉牛排”“蟹肉粥”等，做蟹肉产品的开发，这样，就能充分地再加以利用了。

这是避免素材的浪费，尽可能减少损失的一种权宜措施。

这也是餐饮业才能做到的减轻风险负担的方式。

若是进货的速度快，就不存在这些问题了。

27. 选择美味素材的方法

大多数人喜爱吃“虾”“鱼”“牛肉”等，关键是我们能不能把它们烹调得比任何地方的都好吃、卖得都便宜。

为了达到这个目标，必须直接向农渔业单位或生产者购买原材料。

你要直接走向生产现场，以自己的口味去品尝来自生产地的新鲜“美味”，并由衷地希望“我要和消费者分享这份喜悦”。

这是一个非常重要的诀窍。

经营餐饮业的老板，在碰到“美味”的食物时，无论如何一定要以内心的感动来选择：这道美食是否也会令消费者欣喜若狂?

只有你自己也体验到这份感动，才有可能拨动客人的心弦。

日本有家名叫卡萨迪迈尔的餐厅，这家餐厅的核心商品、看家菜是“长足蟹”。这道菜的开发就经历了如上所说的那种感动。

1987 年 7 月，餐厅的经营者曾受邀到加拿大的东海岸考察。

在考察过程中受主人的邀请，品尝了滚烫过的“长足蟹”，当尝了第一口之后，同行八人就纷纷发出了“真好吃”这样的话，每个人都对这道菜很满意。

于是乎，这道菜也就由加拿大传到了日本，并受到顾客的极大喜爱。

这促成了卡萨迪迈尔餐厅的兴旺。

当然，由于现实的原因，从生产地直接购买原材料还存在相当多的困难。

比如原料运输过程中保存原有风味，并尽量避免美味散失等。

这种技术上的问题，都必须一一解决，否则，你就得不偿失，劳而无功。

28. 保持原味最好吃

素材型的餐厅不需要厨师的手艺。

但也不是说大牌厨师就不好，当然，菜式的开发、研究，仍需仰赖累积了一、二十年经验的大牌厨师去执行。

但是，菜式研究开发出来之后．就应交由年轻厨师及在他们手下工作的学徒，根据程序烹调。

而经由大牌厨师的苦心研究，连学徒也能烹调的菜式，简单地说，就是指素材型的菜式。

为什么呢?

因为只要素材好，就不需要什么厨师的手艺了。这也是前面说的“不需要厨师的餐厅经营”的着眼点。

保持原味，就是最好吃的。

尽可能地维持食物的原貌，再准备几种不会减损餐点原味的酱汁，这样，客人就能自由地用手或指尖去体会那种感觉。

同时，还要注意在餐点给人的舒适畅怀的感受上做些文章。

只要原始素材的品质优良就能令人喜爱的菜肴包括蟹、虾、龙虾、贝类及海草类等。

另外，牛肉、羊肉、鸡肉、猪肉、蔬菜、水果等也是一样，不需要多少加工，就会非常好吃。

像螃蟹，烧烤或滚烫都非常美味，而虾或龙虾也有相同的特色。

只要将这些素材维持原貌，摆放在冰冻过的盘中，再配上海草等，就成了一道味道可口而形式又具自然风味的佳肴了。

牛肉也是一样的，解体后放在低温下大约三周，就可以加盐与胡椒，再煎烤成半熟菜食用，那真是最美味的一种吃法了。

像这样严格地挑选素材，然后再向大牌厨师学一点烹调方法，要理出一道美味的佳肴就不再是件难事了。

29. 如何经常开发令人惊喜的素材、菜式

在现今的社会中，"生""活"的素材，都有资本雄厚的大手在握，卖得很贵。

为什么会卖得很贵呢？

是的，因为好吃呀！

有的食物成熟后，保存在低温之下食用才更好吃些。

但是，大部分的食物都是生鲜的较美味，特别是当季生产的生鲜食物，保持着原汁原味去吃，风味则更佳！

美味的东西是不需要理由的。

好吃就是好吃，任谁都喜欢吃。因此，材料就益发重要了。

好吃的东西卖得贵，每家餐厅都可以这样做。

但是，要将好吃的食物"便宜卖"就不是每家餐厅都可以做到的了。

这样做必须掌握其中的诀窍，那就是"将进货价格降低"。

为了能够将进货价格降低，就要从原产地进货，并且以少量且每周一次的快运为宜。

这是因为考虑到仓库租金、利息、耗损以及鲜味减低等因素所致。

活生生的素材，如果放到活鱼槽里，可以放一个礼拜到两个礼拜，不会有什么变化；

但若是用冷冻柜进行局部冷藏的话，也就维持大约一个礼拜。

为了达到这个目的，必须与原产地进行直接的交易和商洽。

然而，交易的业主都很难找到，或者应该说很难正确地找到吧。

因为每天重复相同买卖的店家太多了！

为了每天有新的变化产生，应该如何做，才能找到具有卖相的商品呢？

自己培育专属的厨师，就从这里开始吧。

不管是多么小的店，即使只有夫妇两人经营的店，也必须有一个人前去发掘烹调的素材。

和以往不同的是，现在的资讯极为发达，很容易找到新鲜且与众不同的

素材。

如果灵光一闪找到某些东西的话，就要不断地研究将其开发成商品的可能性，并考虑这种东西是否适合自己餐厅的路线。

如果适合的话，又可以以此开发出什么样的新东西呢？

请你从心底细心地思量，进行商品的开发，相信一定可以开出一条路来。

没有人一开始就是内行的。

外行人有外行人的好处。外行人的好处，就在于能自由地想象。

请在这方面多加发挥，将你的聪明才智和个性传达给客人知道。

接着，谦虚地请大家试吃："这是我开发出来的菜肴，你觉得如何呢？"

相信客人一定会将自己的感想告诉你。

如果顾客有"好大呀""真好吃""很便宜"之类的惊喜评语，那你就等于接到了通知，可以正式制作销售了。

若一道菜中能造出两个以上的惊喜，毫无疑问地，就具备了畅销商品的特质。

若看得出它的好，就可以卖得快；若吃得出它的好，就可以卖得久；

如果掳获了客人的心，借由口耳相传，你的餐厅前面就会大排长龙了。

30. 开发令人悸动的新产品

开发出使客人一见就会产生"悸动"的新产品，是达到餐厅创收目的的途径之一。

平时常会听到这样的抱怨：几家餐厅的菜都是一个味道，千篇一律。

老顾客产生这样的想法之后，进哪家餐厅也就无所谓了，进去无非就是为了填饱肚子。

假如你的餐厅属于这样的餐厅，那么你的餐厅一定不会有太多的客人。

因为与你同味道的餐厅分流了你的客人。

如果你经营的是与众不同的风味，且是顾客喜欢的菜肴，那么在竞争中你就会占领制高点，客人们也会蜂拥而至，客流如潮。

因此，一家餐厅要注重开发味道甘美的新样菜式。

开发新菜式，就不要模仿别家餐厅的菜肴。

很多经营餐厅的商家只知向别人"看齐"，你有什么菜，我就为我所用，引进自己的餐厅，成为菜单上的一道菜式或一道汤点。

这样做的结果就是你的顾客会显出一脸的无奈，发出如上的抱怨。

要开发新菜式，就要敢想敢做。

嫩柳叶能吃，恐怕对许多生活在都市的青年人来说，这是闻所未闻的。

但是，把嫩柳叶从树上取下，洗净后切成细丝，然后用清水泡上几天，就可食用。

等到吃时，你只需撒上点盐，滴上几滴香油，其风味之独特定会令你大吃一惊。

要开发新菜式，还要有热爱艺术的心灵、服务的诚意和自行采购的热诚。

烹饪是一门艺术，因此餐厅经营者必须具有热爱艺术的心灵，要善于捕捉隐藏在所见所闻事物中的美。再加上对顾客的关怀，就一定能创造出让客人心动的各式佳肴。

总之，餐厅的菜肴是它的硬件，这个硬件必须过硬，你才能抓住顾客的心。

只抓住顾客的心，你才能创造高额盈利。

31. 把握住“吃”的三种境界

若想经营一家赚钱的餐馆，必须了解“吃”的三种境界。

第一种境界是“新”。

人们都喜欢吃新鲜的美味，尽管海鲜、河鲜都很名贵，可是很多食客对此却情有独钟，非常喜爱。

“清蒸海上鲜”乃是粤菜系列中的一道传统名菜，一直备受青睐。

正如食客们所言：“清蒸海上鲜，清香味又甜，冷后无腥味，久食也不厌。”

另外，粤菜中的河鲜，更是清香肉滑，鲜美无比，令人在食后回味无穷。

第二种境界是“奇”。

所谓“奇”，是指那些在一般人看来感到比较“奇怪”的食品。

这些食品之所以“奇怪”，是因为一般人都不会想到去吃它们，只有独具慧眼的经营者或厨师，才会灵机一动，把这些东西做成美味佳肴。

比如说，很多人都认为老鼠是令人厌恶的东西，就更不会想到把它拿来烹食。可是，广东人却深知鼠肉的美味，发明了独特的做鼠肉的方法。

仅凭这一点，就可看出近年来为何粤菜流行的缘故了。

下面，再以粤菜为例，说明“特”所包含的两层含义：

第一，广东人在“吃”的方面，首先以自己的特产为主。

广东的风味特产有很多，像藕中之王的新尾莲藕、椰子酱与椰子糖等等，不胜枚举。而广东人正是充分利用这些特产创造出了各种独具特色的小吃、名点。

第二，粤菜作为正宗的席间大菜，风味独特，与中国的其他几大菜系迥然不同。

粤菜从天上、地下、水里三大空间收寻奇珍异食，从“阳春白雪”到“下里巴人”，无所不包，无所不有，的确是世上的一大特色菜。

综上所述，只有深知“吃”的三种境界的餐馆经营者，才能创造出脍炙人口的好菜。

32. 有特色才会有市场

特色，是商品走向市场的“通行证”。谁有了特色，谁就有了市场。

对一家餐馆而言，拥有“特色菜”便拥有了市场。

灵川县的鑫隆饭店就是以其经营的“黄焖鹅”而出名的。

鑫隆饭店是坐落在灵川县城灵城路大街上的一家小店，地处繁华闹市，交通十分便利。

但是有些破损的门面，与附近新崛起的高楼大厦相比显得有些格格不入。

因此，乍看上去，并不起眼，稍微不留意谁会注意这是一家小有名气的饭店呢。

不过，该店却很有特色，因而很吸引人。那就是店门边竖靠着一个斗大的“鹅”字。

据说是一个多年停笔的老书法家，在此吃了一回“黄焖鹅”后，“龙颜”大悦，激起了他多年的创作欲望，信手写下了这个非同寻常的草体鹅字。

这个鹅字，晃眼看上去，笔法粗犷、古朴苍劲、雄浑有力、意趣盎然。

所以，店老板后来将其放大，用作招牌，装饰门面，由此，该店又多了一处供人驻足观赏的“景致”。

这不是一家豪华的餐馆，但却是一家很有特色、很“雅”的餐馆，而且最为吸引客人之处便是它有自己的特色菜。

正是凭着这一点，鑫隆饭店在竞争十分激烈的餐饮业中异军突起，在灵川、桂林的中下层食客中打响了招牌，而且生意一直红火不衰。

一般餐馆供应的品种比较丰富，但“鑫隆”供应的品种却不算多。除了一些时令火锅外，没有多少别的品种，但一年四季都卖“黄焖鹅”。

在一般人看来，一个店品种单一，客人没有选择余地，生意肯定不好。

但是“鑫隆”的“黄焖鹅”却卖得很好，口味非常引人。所以，众多人经不住诱惑。经不住别人的传播赞赏，纷纷来品尝“黄焖鹅”。

“黄焖鹅”是一种很有特色的菜肴。

“黄焖鹅”基本上是干锅的形式，除鹅肉块和下水外，还见青白相间的蒜段，再有就是打底的黄豆，以及干红辣椒壳、草果、八角一类起香调配料。

鹅肉及下水焖得黄爽油亮，隐约也见红润的色泽显露出来，并无半点焦煳。

由于是焖好后又放在炭炉上热着吃，那干锅爆出来的热香气，夹杂少许刺鼻的辣味，人闻后就有了一种食欲大振的感觉。

鑫隆饭店就是凭特色菜“黄焖鹅”而名声大振的，“黄焖鹅”味道相当不赖，滋味道独特。

老板和厨师对灵川、桂林一带人的口味嗜好有相当的研究，因而搞成千香辣鲜又有嚼头的味道。

像辣味，爆锅时放上两、三个于红香辣的全州辣椒，只这一味，就能吸引住人。

还有锅中放的草果挥发出来的芳香油，拌和着辣味，夹着八角茴香的气味，姜、葱的香味，再加上浓郁的桂林腐乳，鲜美香醇色浓的蚝油等作料，怎能不吸引客人的食欲？怎能不撩拨人们心灵深处的情感？

独特的地方风味，就是稳住本地食客的一个最好的法宝。

所以，一家餐馆，无论它多大，都要有自己的特色菜肴。

同样一种食品，可能因为餐馆有自己的经营特色而给人留下难以忘却的回忆。

西安人常讲：“西安的饺子宴，不吃不知道，一吃忘不掉。”

西安解放路饺子馆便是在同行激烈竞争的态势中，果断决策，另辟蹊径。

他们在经营传统饺子的基础上，博采众长，精心制作，108 个不同品味，采用蒸、煮、煎、炸、烤等加工方法，制作了风味独特、蜚声中外的饺子宴，共有 108 个不同品种，被誉为“神州一绝”。

单凭这一点，这家餐馆的生意便差不了。

33. 创造“特色”的技巧

对于各种各样的餐馆而言，“特色”都是其走向市场的通行证。

即然如此，为什么有那么多的餐馆没有自己的特色呢？难道这些经营者本身不想创造特色吗?

实际上,对于大多数餐馆的老板来说,自己并非不想创造特色,而是根本不懂创造“特色”的技巧。

就像做其他事情一样,饮食饭菜的“特色”也是可以创造出来的。

不仅如此,“特色”的创造方法也并不像有些人所想的那样神秘。其实,只要你在平常稍加注意,多动动脑筋,就不难创造出自己的“特色”。

下面,就以西安市解放路的饺子馆为例,来说明一下创造“特色”的技巧究竟在什么地方。

西安解放路饺子馆是以其特色经营而蜚声中外的,店内的饺子不仅品种繁多,而且味道鲜美,让你既能满足大开的食欲,又能得到一份艺术享受。

西安解放路饺子馆除了环境布置柔和典雅,服务周到、细致、文明外,更胜人一筹的特色就是:

(1)技巧

小小饺子,面白皮薄,形状各异,选型别致,玲珑精巧。

有的形如香蕉,有的又像荷包,有的边如锯齿,有的又似裙衩。

再加上各色馅心的点缀,每只饺子就是一件工艺品。

(2)名雅

每种饺子都有自己的雅号,像“龙兽持宝”“恭喜发财”“菲煮鳝末”等等。

比如,碧绿的菜馅中嵌上一粒鲜红异常的樱桃,便起名为“碧海藏珍”,即形象又雅致,令人难忘。

(3)料精

不仅粉料精细,馅心更加讲究。从鲜菜蔬到鸡鸭鱼肉乃至山珍海味,几乎全都用上了:“恭喜发财”就用了发菜;银耳做馅,名为“银耳汤”。

料精加上工艺高超,饺子岂能不鲜美!

(4)情奇

席间,服务人员不时向宾客说上一节有关饺子的趣闻轶事,助兴添乐。

饺子宴中有一道“金鱼火锅”,据说是宫廷御膳,来历也颇为不凡:

传说慈禧有一次驾临西安,看戏久至深夜后,忽觉腹中饥饿,便要太监置办夜宵。

太监得知慈禧性情古怪,为人骄横,弄不好要“吃不了兜着走”。于是,他找御厨商量,最后用鸡脯做馅,鸡骨熬汤,把饺子做成小指甲大小,并用火锅现煮现尝。木炭窜的火苗,似金鱼游动摆尾,锅内发出的鲜香味,使人食欲顿开。侍从还编了三九九、四二八（指吃了几个饺子的数目）的讨吉利的顺口溜。

结果，慈禧十分高兴，共吃了三只饺子，喝了两口鲜汤。

服务员将这一传闻说得有声有色，加上灯光配置，使人如临其境，兴味大增。于是乎你道喜我祝福，好不热闹。

从上面可以看出，若想创造出特色其实并不难，只需要在细微之处多花些工夫，想出些名堂就行了。

或许你的店小，不能像这家饺子馆那样做得如此热闹，但是你也可以另辟蹊径，从别处下手，做得既经济，又实惠。

34. 制造热门商品的三要件

制造热门商品的三要件就是热爱艺术的心灵、服务人群的诚意以及自在采购的热情。

厨师原来就是最擅长制造感情的一群。若没有类似于艺术家的特质，就无法从事厨师这个行业！

因此，平日就应该多参与音乐、美术、陶艺、阅读等活动以陶冶自己的感情，塑造出艺术家的气质。

可能有很多人认为磨炼技术可以成为厨师，但是我觉得如果将重点放在心智的磨炼上，会比磨炼技术更上一层楼。

不论是武术还是运动，若能培养单纯的学习心，就能够迅速成长。

而那份单纯的培育，就属于艺术性了。

这听起来可能是很难理解的逻辑，但我想，所谓艺术性，就是能将隐藏在所见所闻事物中的美捕捉到的那份感情吧！

因此，艺术家能看见未来的远景。

如果厨师也具备了这种能力，就会想到创造菜式，而对菜式思考的越深，就越会有各式各样的好主意泉涌而出，这也想做做看，那也想做做看。

若对顾客的关怀和泉涌而出的好主意旗鼓相当，那么，你一定能创造出让客人心动的各式菜肴来！

只要努力不懈地培养敏锐的“嗅觉”，并具备想让他人快乐的精神，那么，经过一、两年的自我学习，就能做出掳获人心的菜式。

当然，我们要的不只是中看不中吃的菜式，也不只是好吃的菜式而已，只要你具备了义士的精神，那就自然能做出既中看又好吃的菜式来。

唯高博士餐饮礼仪话你知

唯高博士语录：

餐饮业是服务行业，礼仪是餐馆打造企业品牌、企业形象的重要因素之一，直接关系到企业能否形成品牌、能否持续发展。

唯高博士经营管理理念一点通

唯高博士语录：

尊重客人是餐馆服务的根本。只有尊重，才有理解，才会提供最好的服务。

美味、美观，这些表面上能感受得到、看得见的东西，都可以从书本上学到，因为只要理论建立了，都能够自我学习。

然而，书本上所没有的，只能靠你内心运作产生的东西，就必须靠你自己努力去磨炼，去体会，以使它越发兴盛。

年轻的厨师，接受磨炼技术及心思的可塑性极大，只要具备从大自然中学习以及从世间各人的姿态中学习的心意，就能创造出源源不断的菜式。

在这种情况下创造出来的菜色，要得到大多数人的喜爱，就必须以合理的价格来销售。

所谓合理的价格，会因地域或时代的不同而改变，在这里，唯一要说的一点就是：要创造被人接受的合理价格，就要不辞辛劳地到原产地去看看。

从当地人的手中直接以略高于他们卖给批发商的价钱买进，我们就能获得额外的利益。

为什么呢？

卖方会把略好的东西留给出高价的人，而不会将品质好的东西拿出去抛售。

因为必须出高价，所以就要排除中间批发的程序，这样，进的货就会比其他餐厅便宜，而且品质较好。

如前所述，如果你能具备热爱艺术的心灵、为人服务的诚意以及自行采购的热诚，那么，你就能创造出几样热门的商品。

至于学会技术那就更不在话下了。

现在，在很多家餐厅中大受欢迎的铁板鲍鱼，就是这样产生的。

在餐厅里，将鲍鱼用雪利酒、酱汁、奶油烧煮，装盛在火热的铁板上，然后上桌。

这样制作的鲍鱼香喷喷、热腾腾，而且很有生气，因此就成了热门商品。这道菜的开发，就是遵循前述的要件思考出来的，真是一道豪爽的美食佳肴！

35. 独创性的秘诀，在于模仿“心思”

发展独创性的秘诀，就是断然拒绝模仿别人的东西，然后细心观察世界的动向以及其他餐厅商品的构成变化，并探究为何变成如此的真正原因。

“变化”就是最重要的关键字，模仿“变化”的真正原因，而不模仿表现在外面的结果，这可说是发展独创性的秘诀。

乍看一下，然后就原封不动地吸收，仅仅这样是不可行的。

因为这样的话，就看不到该店的独特风貌了。

例如，在日本东京有一家由夫妇两人共同经营的拉面店。

他们的生意很好，在他们面前的马路上，几乎无时无刻都有十个人左右在排队。

因为他们的店面非常小，座位很少，到第十位客人就要等二十分钟才有位子。

但是，为什么客人都安静无声，埋头专心吃着拉面，然后满足地离去呢？

我曾经登门拜访过他们两次，想要了解那家店之所以兴隆的原因。

但是，我无法找出是什么使客人能够满足而且再三地走向那家店消费的确切答案。

因此，我走出店面，在心中细细地思量着。

汤头的味道、面的味道都好像没有什么特别的印象，但是肚子里的感觉，却真的很爽快，而且，余味很清楚，使人觉得口中很干净。

换个角度想想，才了解到这味道和客人安静的吃法很相称。

那味道，一定持续五年、十年了吧。客人自然而然只追求这种味道了。

不断地远离浓腻的味道，可以说和现今社会的倾向不谋而合。

这也许正是那家面店老板之所以这样调理拉面的信念吧！

在思考如何调理时，唯有把持着某个强大的信念，并诉诸顾客，才是开发商品最重要的一件事。

因此，与其模仿外形、味道、调理方法这些表面的东西，倒不如去模仿“信念”。

唯有学到了“信念”，才有可能发挥自己的独创性，创造独特的商品。

因此，我们要模仿的绝对不是外表，真正模仿的是“心思”。

36. 模仿“心思”的秘诀，在于虚心观察

心思如何模仿呢？

换句话说，就是要诚挚地观察。若将自己粗浅的经验暴露在外，那就无法诚挚地学习。

首先，要观察聚集在几家餐厅的顾客仪态、服装、年龄，借以推敲消费的动机(目的)，并观察什么东西能令他们感到快乐。

然后，再以经营者的心情，来设想让他们感到快乐的原因。

经营者是否会呐喊“想要怎么做”？你是否能感受到那种“呐喊”？

创新商品的人，对餐厅的服务、商品都抱着要好上十倍的期望在努力不懈，所以，他们会“呐喊”，“呐喊”也就产生了。

“借由这样的势力，今天终于赢得客人的喜爱！”以这样的一份感动来聆听呐喊，就能理解创新商品者的心思。

如此一来，大门就会为你开启，因为你已经看到了那份真实。

“啊，这个人想要表达的就在这里呢！”

刚刚提出的拉面店的例子，唯有将想法放在食用后爽快的感觉，才能了解到那家店的重点、特点以及他们销售的商品。

如果你能领悟到要集中在这一点来进行商品开发的话，接下来就只要进行汤头的分析、面的分析以及叉烧肉的分析即可。

这些分析，只要在食品研究或制造商的研究室内就能进行，非常简单。

分析所要追究的，是这家“创造出清爽味道的根源何在”这类的问题，这才是分析的真正目的。

若非如此，就沦为一般的分析，而无法找出其真正的特征了。

找出这个“味道”并开发出来，仿效制出后，是不是就可以销售了呢？

其实，还言之过早，这才刚刚是起点而已。

首先，要试着将食品“再现”出来。

必须了解的是，这可能会有四、五次的失败。而且通常是在经过十次的尝试错误之后，才会有一点味道的相似，然后，再增加到一半、到大部分，一直到味道完全相同，必须谨慎地不断试验。

一直到调出固定的味道后，再考虑装盘方式。

到目前为止，所做的工作，虽然很费心力，但却是最重要的工作。

可惜，一般人往往会跳过这两个工作程序，直接去看能看得见的商品，也就是只看装盘的方式，而步入模仿的后尘。

或许，这样的确也能销售，但是，却无法持久。

为什么呢？

因为你无法掌握到客人的内在喜悦。

若是模仿心思的人，在装盘方式上绝不会做出相同的安排。

他们会探讨适合自己餐厅的装盘方式，亦即希望了解到自己餐厅的顾客们内心所喜爱的装盘方式，掌握住客人的内在喜悦。

37. 最适合的饭菜本质就是“因为客人想要吃，所以……”

骗人的冒牌厨师，最擅长说理了。

当第一家美国螃蟹的餐厅在香港成立时，一般的冒牌专业厨师就会有这种见解：“那么大只的螃蟹，不会热卖的。”

还说：“用奶油酱汁和美乃滋酱汁来吃螃蟹的香港人很少。”

但是，客人却与日俱增，而且都沾奶油酱汁、美乃滋酱汁吃。

甚至他们什么都不沾地来吃螃蟹。

可能冒牌的专业厨师没有想到客人是有爱怎么吃就怎么吃的自由吧。

吃过的东西，如果吃了一口就太美味，恐怕就没办法继续吃下去了。

相反的，若吃三口才觉得好吃，就会继续吃下去。

这个道理，冒牌的专业厨师大概怎么也弄不懂吧。

当客人接踵而至，甚至连夜在餐厅面前排队时，冒牌厨师又会说一些无关商品的理由来，如“因为店面很大”或是“气氛很好”等等的理由。

这些当然会是冒牌厨师的借口。

若螃蟹的味道、酱汁都不改变，那是绝不可能只因店面很大、气氛很好就能吸引客人大排长龙了。

其实原因很简单，就只是客人想要吃，因此来排队。

就是这么简单的一件事而已。

38. 自行调制酱汁

进餐厅吃饭的客人需要享受的不单单只是味道，入喉的滋味、扑鼻的香味，也是他们的所求。

合成的香料总会给人一种异样的、不自然的香；合成的色素也无法超越天然食品的真正色泽。

所以，一定要使你的菜肴保持一种自然，这才是现代客人们的真正希冀。

若你想让客人变成你的老主顾，就应该调制出具有自己餐厅风格的酱汁。

大概进餐厅的人都有这样一个心理：希望吃到与家常便饭不同的味道。

大多数家庭主妇因为有工作之累，做饭时追求省事简便，因而也习以为常地使用现成的商品来调味。

所以，若是你的餐厅也遵循日常家庭的做法，客人便会失望，发出“与家里一个味道”的哀叹。

39. 推销“家乡菜”

大餐馆菜以大菜为主要菜目，小餐馆在这方面无法望其项背。

但是小餐馆却可以发挥其经营灵活的特点，在经营上搞出特色菜也一样可以达到赚钱的效果。

推销家乡菜不失为经营上的妙笔。

现今中国的大都市发展很快，有许多来自农村的人们汇入到市居民的洪流中来。

在大都市生活的这部分人容易怀念家乡，尤其是人情淡漠的今天，这部分人对家乡的怀念之情更加深了。

人是需要感情的，这种城市中的第一代人更是需要感情。

针对这个心理，家乡味的餐馆一定会大受欢迎。

在这样的餐厅里，你或许可以遇见老乡，喝一口清茶，吃一顿家乡菜，再用熟悉的家乡方言与老乡交谈，真是一件惬意的事，思乡的感情会在这里得到慰藉。

随着中国人收入的增加，出外旅游已成为十分普遍的现象。

在旅行时吃到的佳肴，回到都市后很想再回味一次，这一切都使得在都市经营具有地方特色的餐馆大有可为。

如今，在北京，除了原有的北京风味的餐馆，经营各地方风味的餐馆如雨后春笋，遍布京城大街小巷。

现在在北京，你可以吃到全国各地的家乡菜肴。

比如川菜、鲁菜、粤菜、湘菜、皖菜、淮阳菜……无一不受到欢迎。

而且，各地风味小吃也遍布京城，如东北凉面、兰州拉面、山西削面、陕西羊肉泡馍、肉夹馍、凉皮、四川担担面等等，都在北京找到了市场。

开这种家乡味饮食店，有两种途径：一为在当地具有相当的知名度，挟其金字招牌到大都市设店。

如陕西“孙老大”羊肉饱馍馆，便是挟其大名来京扎根。

二是直接来大都市开店。

如四川人来北京开餐馆，应事先精心研究家乡名菜。

无论你经营什么样的餐馆，你都必须有自己餐馆的特色菜，即使你是开一个只可供两人就餐的小店。

$ 40. 小餐馆应以“小吃”促发展

或许你会说小餐馆没有与洋快餐挑战的实力。

但是，你可以学习大的快餐店保持传统特色和中国风味的做法。

在风味上下大工夫，就可以开辟出快餐的新天地。

我们说神州大地的小吃大多可算是名副其实的小吃，所以，要开一家小餐馆，可以在小吃上下功夫。

近些年，一些传统风味小吃被推陈出新，花色品种迅速增加，以至于成为当今快餐的主力。

比如四川过去以担担面一统面食天下，而如今出现了红烧牛肉面和豌豆面，甚至还有被盖面等多种面食。

还有兰州牛肉面，也使“加州牛肉面”抢占高原古城的发财梦破碎。

在有“吃在天府”之称的四川，由于小吃种类众多，仅早餐就有30余种。

像赖汤圆、担担面、千层饼、糯米团等名小吃达百余种。

这些小吃成功地阻击了近年西式快餐的大举进攻，始终保持着中式快餐在中国的主导地位。

在传统风味快餐的经营上，上海和丰楼美食公司在小吃上做了大文章。

这家美食公司以上海城隍庙的传统风味小吃为自己公司主要经营的产品。

提起上海老城隍庙的风味小吃，海内外人士情不自禁地想起旧上海老城隍庙内小吃摊位云集、美味飘香的场景。

旧上海的老城隍庙的小吃摊位真是星罗棋布，不少于一百家。

但是小摊位又明显地存在着食品卫生及疫病传染等诸多弊端。

为此，20世纪90年代第一春，在上海豫园商城股份有限公司总经理的规划下，投入了大量资金建了一个和丰楼美食公司。

他们以一流的规模、一流的卫生设施、一流的服务质量的大手笔，建成了气魄宏伟、现代化设施齐全的小吃世界。

其实不一定非得以大规模经营，只要达到讲卫生、服务质量高的标准就行，投入少量资金也一样经营。

大的美食公司都很重视风味小吃，作为开一家小餐馆的你，又怎能不重视风味小吃这一大有作为的领域呢？

和丰楼可一次同时容纳 400 人就餐，在如此大的餐厅内，如果经营品种单调，其经营后果将不堪设想。

据此，餐馆经营者们四处考察，总结别人的经验。

他们研究制定了需要体现本店经营特色的经营品种，查阅大量资料，推出风味小吃 140 余种。

目前，每天上市供应的品种有 100 余种左右。

有老庙传统的糟田螺、江南风味特色的虾肉生煎、人见人爱的南翔子笼、云南过桥米线、各类串炸、上海排骨年糕、北国特色的鲜肉水饺等，深受消费者欢迎。

尤其是现场出样展示，即点即炒的海派风味家常小炒，使和丰楼天天热闹如同过节，场内异常拥挤，几乎无插足之地，最高日营业额可达 15 万元。

和丰楼的风味小吃弘扬了中华传统饮食文化，真正体现了丰聚八方风味小吃的经营特色。

和丰楼硬在小吃上做出了大文章，从而赚得很多钱。

开小餐馆何不试一试。

所以，对于初步餐饮业的你，成败的答案就在你手中，那就看你能否把你的智慧转化成财富了。

所以，开动脑筋，赶快行动，相信明天定是个好日子。

六、饭菜标价8则

在日常生活中，我们时时会看到这样的现象：某某商场的店门上高挂着一条横额，上写“特价酬宾”几个大字。

所谓“特价酬宾”，以及其他类似的酬宾活动，其实都是商场利用价格杠杆搞活经营、争取顾客的一种手法。

这一招往往很灵验，一次“酬宾”活动就会为商场扩大数倍的客源，使商品成批销售出去。

这种经营之道虽系商场的做法，但也适合于餐饮业。当然，由于行业不同，也不能照抄照搬使用。

但是，由此我们却可以看出，价格的确是一根具有无限威力的“魔棒”，假如能够妥善对之加以利用的话，必将为餐馆的经营活动带来不可估量的利益。

因此，餐馆老板应当多多研究有关饭菜标价的学问，争取用这根“魔棒”为自己创造出滚滚财源。

41. 顾客对定价很敏感

在商业活动中，价格是个非常敏感、直接的因素。

每个消费者都有这种心理：尽量少掏腰包，尽可能多地消费商品。

这就要求消费品价廉物美。

所以，每个商家在做到物美的基础上，还应该在价廉上做做文章。

这时候：“欲致鱼者先通水。”

快餐业在日本非常发达，随处可见，原因之一是日本的快餐业坚持价廉第一。

在日本，符合快餐店三个条件中的首要条件就是：顾客人均一次消费不应超过700日元。

700日元是什么概念?

按一般日本人收入和上海人收入的比例而言,700日元大约等于上海人花出一张5元的纸币。

当然,在餐饮业服务中,也不是价格定得越低越好。

因为菜肴定价低会影响你的赢利。

所以,关键的是你会运用。

市场经济中的价格,就像魔术师手中的"魔棒"。

你如果运用得好,就会出奇制胜,否则,就会难以为继。

价格既受商品实际价值的影响,又受到市场供求关系和竞争势态以及人们消费心理的影响。

所以,价格可以说决定于价值,但又不完全决定于价值。

42. 菜点的定价要反映价值

给菜点定价是餐厅经营活动环节中的重要一环。

价格是否适当,往往影响市场的需求变化,影响整个餐厅的竞争地位和能力,最终影响到餐厅的赢利。

给菜肴定价首先要算出总成本,因为这是给菜肴定价的最低限度。

低于这个限度,你就要亏本;与这个限度持平,你就会收支两抵,不赔不赚;高于它时,你就有得赚。

所以,给菜肴定价的第一步就是把提供该菜肴的所有成本费用逐项加起来。

但这在实际操作中是不容易做到和计算清楚的。

因为其中的一些费用,如餐厅日常间接费用等,是无法化为每一种菜肴来估计的,有时各项成本的数据也是很难得到的。

因此,给菜点定价不像一觉醒来,随口说一个数字那样简单、随便,它是有着一定的科学依据的。

首先,经营者应该明了给菜点定价应遵循的原则。

其次应该掌握定价策略和方法。

这样,才能使你的定价达到最佳效果,在顾客能接受的情况下,保证你获得最大限度的赢利。

一般而言,菜点的价格要反映它的价值,这是菜点定价的第一个原则。

一盘花生米无论你如何烹调制作也值不了上百元。

因此，菜点的价格是以其价值为主要依据制定的。

二是以薪金、奖金等形式支付给服务人员的报酬。

三是上交国家的税金。

43. 菜点的定价要反映客人的满意程度，适应市场需求

菜点定价，要能反映产品的价值，还应反映供求关系。

档次高的餐厅，其定价可适当高些，因为该餐厅不仅满足客人对饮食的需要，还给客人一种饮食外的舒适感。

消费环境不同时，允许有差价的存在，也应该有差价。

一盒万宝路香烟在普通商店标价 8 元，而在五星级的北京王府饭店，其标价就可以开到 15 元。

这是因为高档舒适的购物、消费环境增加了商品的“隐含价格”。

旺季时，价格可比平、淡季略高一些；市口好的餐厅比市口差的餐厅，其价格也可以略高一些等等。

但价格的制定必须适合市场的需求能力，价格不合理，定得过高，超过了消费者的承受能力或“价非所值”，必然会引起客人的不满意，降低了消费水平，减少了消费量。

44. 薄利多销

所谓薄利多销，顾名思义就是以便宜的价格出售商品，获取很少的利润，以此来促进商品的销售。

薄利多销虽然“利”薄，但是通过多销，可以达到利的积累。

日本“小僧寿司”连锁店遍布于日本各地职业棒球比赛场，拥有将近两千家的店铺。

这些店卖的是寿司，但是外表看起来却不怎么像寿司店。

原来，他们打破了寿司传统的高价位形象，标榜廉价以别于其他的寿司店，这是他们制胜的秘密。

该社的山本社长把连锁店扩大到 100000 家作为努力的目标。

“小僧寿司店”将价位定在 300 日元到 600 日元之间，分量则是成人所需的平均量，这样一来，与同行的价位相比，大约便宜了 50%。

风味鲜美、上菜迅速、价格低廉的速食形态，加上不采用高价主义的销售策略，分支店遍布各地，吸引众多的固定客人。

这些都是“小僧寿司店”之所以获致成功的因素。

“红高粱”之所以敢叫板麦当劳，敢以“挑战麦当劳、振兴中式快餐”为题号，一个很大的优势在于其价格。

与麦当劳相比，一份“红高粱”快餐的价格低 30%。

而南方大包之所以在杭州将麦当劳挤得无立锥之地，就在于其价格低廉。

所以，价格低廉已成为吸引客人的重要手段，应好好用它。

由这些例子看，价格便宜对于吸引客人具有相当程度的魔力，同时具有加速资金周转创造利润的魅力。

$ 45. 以成本为中心的定价策略

受影响价格因素的支配，经营中有三种定价策略。

这三种定价策略里，第一种就是以成本为中心的定价策略。

即根据成本来确定食品、饮料的销售价格，这种以成本为中心的定价策略常常使用两种不同的方法：

(1)成本加成定价法

即按成本再加上一定的百分比定价，这是最简单的方法。

(2)目标收益率定价法

即先定一个目标收益率，作为核定价格的标准，然后根据目标收益率计算出目标利润率。在达到预计的销量时，能实现预定的收益目标。

根据成本制定的价格，是餐厅经营必须达到的价格，是餐厅赚钱的临界点。如果低于这个价格，就会亏本。

另一方面，运用以成本为中心的定价策略，由于只考虑成本单方面的因素，忽略市场需求和消费者的心理，因此，不能全面反映餐厅的经营效果。

这样做有时会造成：能赚的、该赚的钱，你不赚的结果。

所以，这种定价策略是一种最基本的定价策略。

46. 以需求为中心的定价策略

三种定价策略中的第二个定价策略是以需求为中心的定价策略。

这是根据消费者对商品价值的认识程度来决定价格的一种策略。

这种策略也有两种不同的定价方法：

(1)理解价格定价法

餐厅所提供的食品、饮料，其质量、作用以及服务、广告推销等“非价格因素”使客人对该餐厅的产品形成一种观念，根据这种观念制定相应的、符合消费者价值观的价格。

(2)区分需求定价法

餐厅在定价时，按照不同的客人、不同的地点、时间、不同的消费水平、方式来区别定价。

这种定价策略容易取得客人的信任，但并不容易掌握好，分寸很难把握。

以需求为中心的定价策略是根据市场需求来制定价格。

如果说，以成本为中心的定价策略决定了餐厅产品的最低价格，那么以需求为中心的定价策略则决定了餐厅产品的最高价格。

在具体的实际经营活动中，根据市场情况，可分别采取以高质量高价格取胜的高价策略；

也可以采取以薄利多销来扩大市场、增加市场占有率为目标的低价策略；

也可以灵活采用优惠价格策略，给客人以一定的优惠，来争取较高的销售额和达到宣传推销本餐厅的食品饮料之效果。

当然，这些策略并不是随便用的，而是通过市场调研，根据市场需求决定的。

47. 以竞争为中心的定价策略

三种定价策略中的最后一种是以竞争者的售价为定价依据的定价策略。

在制定菜点价格时，可比竞争对手高一些，也可以低于竞争对手的定价。这完全根据你的目的而定。

这种以竞争为中心的定价策略，是按同行价格决定自己的价格，以得到合理的收益且避免风险的定价策略；

又有那种“捞一把就走”的展销新商品的定价策略；

也有因自己实力雄厚而采取“变动成本”的定价策略，即只考虑价格不小于原料成本即可，这也是用以确定自己在市场上的竞争地位的方法之一。

以竞争为中心的定价策略不以成本为出发点，也不考虑消费者的意见。

因此，这种策略往往是临时性的或在特殊场合下使用。

作为餐厅经营者，你必须深入研究市场，充分分析竞争对手。否则，你很可能定出不合理的菜单价格。

如果这样，就会出现两种结果：或者你亏本出售，或者把消费者吓跑。

最终的结果只有一个：就是你将关上你的店门。

48. 永远记住大众化是餐饮消费市场的主旋律

不久前来中国安家落户的麦当劳快餐店，迅速打开了中国的市场，立足稳固，的确是令人感到惊奇的事。

有人说，麦当劳之所以能够在中国取得如此快速和巨大的成功，是因为它的标志“M”像一把叉子叉住了中国的“小皇帝”和他们父母的钱袋。这种说法不无道理。

的确，麦当劳抓住了大众化这一餐饮消费的主旋律。到过麦当劳的人都知道，在那里只需要花上数十元的钱，就可以吃到一份颇为精美的快餐。

那么，你若是餐馆老板，你要赚谁的钱，这应该是首先要明确的问题。

深圳有一家饭店，一桌饭菜价值 188.888 元，而在南京的永和园只需花 15 元就能让你吃得很饱。

这两家各有所向，消费者的层次也不完全一样，自然也就产生了高、中、低档餐馆的差别。

但是，从长远的观点来看，大众化仍然是餐饮消费市场的主旋律，而价格太过昂贵的饭店只能位居其次。

实际上，从国外餐饮业的发展状况来看，这一点已变得十分明显。可以透过快餐业的迅猛发展和巨大成功看出来。

现在的国内市场均可分为两部分：一是公款消费，一是私款消费。

公款吃喝不花自己的钱，花起来自然非常大方，因而趋向高档。所以，你要想赚公家的钱，不妨把饭店的档次开高一些。

但是，这份钱却越来越不好挣了，因为这部分消费波动大，常常受到政治环境的影响和左右。

一旦宏观经济紧缩、企业业务交流减少和政府加大反腐倡廉的力度，禁止公款吃喝、娱乐宴请，便会使得餐饮业团体消费明显地下降。

据河北省石家庄市饮食公司所属的10家饭店对1997年3月份“双休日”消费情况的调查表明，公务团体消费收入只占全部营业额的3.6%左右，其余均为家宴和个人消费。广州、上海、杭州、北京、沈阳等城市，公款消费也呈明显降低趋势。

与公款消费相反，私款消费因花的是自己的钱，出手时便会顾及到自己的钱袋子，因而趋向低档。

这是真正的大众化消费，而这部分消费的特点是比较稳定。

在餐饮业市场竞争日趋激烈和普通老百姓囊中尚且羞涩的情况下，一些高档餐馆就纷纷向左转，采取一系列新举措，面向了普通的中国老百姓。

最近，上海的丰裕餐厅被炒得很烫，出了大名。它每天早上7点至晚上10点钟，连续供应大众化的优质生煎馒头，颇受大众欢迎。任何时候到这里来购买的人都要排队等候，成了一大景观。

在此基础上，它又连续开了三家连锁的生煎馒头店，并且开一家成一家，生意甚是兴隆发达。

“丰裕现象”在餐饮业产生了不小的震动波。小小的生煎馒头，何以具有如此巨大的魅力呢？

究其原因，当然是因为丰裕真正面向了大众。

丰裕在发展的过程中，也曾走过一段曲折的历程：

原来的丰裕点心店也是面向大众的，一直经营面条、豆浆、油条、生煎等，生意也颇为兴旺。

但是，几年前它进行了一次大规模的装修，竣工后便想上档次，赶潮流，因而将大众化点心取消，改为经营当时颇为时髦的“三黄鸡”。

可是，经过如此改变后，顾客却寥寥无几，因而门庭冷落，走上了低速发展的衰退之路。

一招不成又换一招，丰裕再次进行装修，变成了灯光诱人、环境幽雅的小餐厅，经营较高档次的酒菜、火锅等，还配上了卡拉OK设备。

但再次事与愿违，生意惨淡，二次装修的投资也付诸东流。

痛定思痛，丰裕的经营者总结了以往失败的教训之后，最终下定决心，简单整修后，专营生煎馒头和油豆腐细粉汤。

这是典型的大众化食品，结果却出现了意想不到而却合于情理的结果。

在丰裕餐厅买上两个生煎馒头只需要花 3 元，再加上一碗汤 1.50 元，合计才 4.50 元。这笔开支，大约占人们月收入的 0.3%～0.5%左右，一个月即使吃上 10 次又何妨，于是顾客日渐增多，而且非常稳定。

丰裕现象给人们最深刻的启示就是：大众消费是市场的主旋律，价廉物美是消费者追求的永恒目标。

当然，"丰裕现象"也并不能说明你的餐馆档次越低就越红火。高档次的饭店、餐厅照样有赚，而低档次的饭店、餐厅，赔的也不占少数。

最关键的问题是，你要为自己的餐厅选好市场。

另外，在你经营的高档次餐厅中，也应当为大众准备一些低档次的饭菜，而不能把所有的饭菜都定出高价，这样做的结果，必然会吓跑许多潜在的顾客。

同样地，在中、低档的餐馆中，也可以有一些较高档次的饭菜，以备口味要求较高的顾客们选用。

总之，餐馆的饭菜决不能清一色都是高价食品，而应当分出层次。只有这样，才能真正面向大众，吸引更多的顾客。

七、人员管理和培训12则

对餐馆的各类员工实行切实有效的管理，并对他们给以适当的培训，这既可以减轻经营者的工作负担，又可以为餐馆创造出更多的财富。

一个好的餐馆，不仅要有一个合格的老板，更重要的是要有一群素质较高的服务人员和厨师队伍。

在现实中，有许多人往往忽略这一点，但自己却根本没有意识到自己在这方面的失误，因而在查找经营不善的原因时，总是难以抓住问题的关键。

若想拥有一支素质高的服务队伍和厨师班子，需要在各个方面都做好工作。

老板不仅要在招聘员工时仔细考察和录用，而且，对于招收来的员工，也应采用正确的方法进行培训。

此外，还需要多学一些有关员工管理的方法，以便更有效地做好员工的管理工作，使每个人都能够尽心尽力。

49. 成功餐馆老板之必备素质

投资开餐厅就是为了赚钱，这勿需讳言，大家都明白。

但是如此广阔的餐饮市场，却有人欢喜有人愁。

大赚其钱者随处可见，但是，不赚钱的也大有人在。

作为一家成功餐厅的老板，他成功的原因何在呢？他在餐厅的管理和经营中是怎么做的呢？有什么窍门吗？

首先，作为一个经营者，必须具备如下素质：

第一，经营者要足智多谋。

孙子尚智，《孙子兵法》十三篇，以“计”开篇，将帅五德，以“智”为首，强调以智取胜。

餐厅要在竞争中获胜，同样是斗智。

从原料的采购，产品的设计、销售到餐厅的服务，都需要智慧、知识、经验、艺术和技巧。

例如，在一次世界性的评酒会上，各国的评酒专家对装潢简陋、不为世人所知的中国茅台酒不屑一顾。

为了改变这种局面，我国酒商急中生智，故意将一瓶茅台酒打碎在地，顿时酒香四溢，举座皆惊。

从此，茅台酒名声大振，跻身于世界名酒之列。

餐厅老板也需要机智多谋。

如一家餐厅开在了郊外的荒山下，由于山上没有什么旅游景点，因此来的客人很少，餐厅眼看就开不下去了。

老板经过仔细考虑，想到了一个妙招，那就是：他大力宣传说，可以来此山上种植生日纪念树、结婚纪念树、出生纪念树、情侣纪念树等等。

餐厅还允诺将向人们提供饮食、住宿及必要的玩具，还乐于为人们举办庆祝活动，出售挂在树上的纪念卡……

结果有许多情侣、夫妇、孩子每年都来此，兴致勃勃地花钱买树苗、租铁锹、住店、就餐等等。

这家餐馆的老板正是凭着自己的聪明才智，为自己的餐馆找到了源源不断的客源，从而赚得大钱。

“兵熊熊一个，将熊熊一窝”，作为一个好的老板，一定要发挥自己的聪明才智，当好“领路人”。

第二，餐厅老板要赏罚有信。

孙子要求将帅“励士有方”。

现实生活中，一些有建树的企业都十分重视赏罚艺术。

日本云雀集团之所以能在日本饮食业中后来居上，其中一个重要秘密就是赏罚分明。

一次，一位员工将客人遗落的一只贵重金表揣入自己兜里，经查出后，马上被酒店辞退了。

还有一次，一位服务员把餐厅的一盒三明治送给了熟人，当时边上有几位员工碍于情面未加阻止。

事后，酒店按规定对这位服务员予以罚款、扣奖金，还差点儿被辞退。前后算来，这位服务员光经济损失就达700多元，而一份三明治才值20多元。真是划不来。

正是由于这样赏罚分明，才能给餐馆带来了生机和活力。

可见，企业家要做到功必赏、过必罚，赏不逾例，罚不逾时，赏不重亲，罚不避贵。只有这样才有号召力。

第三，餐厅老板要关怀职工。

餐厅职工在为客人提供服务的过程中，经常会经受到精神上的痛苦。要让职工在受到委屈的情况下仍坚持优质服务，那就需要老板关心、爱护职工。

孙子认为，将帅对待士卒能像对待婴儿一样关怀备至，士卒可以同将帅一样赴汤蹈火；将帅对待士卒能像对待自己的"爱子"一样体贴入微，士卒可以与将帅同生共死。

下面的例子中，服务员小魏之所以能够把酒店的声誉置于自己的健康之上，就在于餐厅经理平时对小魏的关怀和爱护，使小魏觉得，维护酒店声誉是自己义不容辞的责任。

2013年初，四位陕西客人出差途中，在一家装潢讲究的酒店用餐。

当他们品尝包子时，发现其中一只包子内有一根细短的鸡毛，于是，他们找来了服务员小魏。

"真对不起，"小魏检查后诚恳地说，"是我们工作上的疏忽，马上给你们调换。"

客人不满意这样的答复，要求餐厅领班前来进一步解释。

不料领班正忙着，分不开身，小魏便对客人说，其实那不是鸡毛，而是一小片黄菜叶，说完，他便把剩下的半个包子吞了下去以示自己的话没错。

事后，有人问小魏，何以吞下有鸡毛的包子。

他说："当时情况下，我实在想不到什么好办法。经理对我这么好，为维护酒店声誉，这样做算不了什么。"

如果老板平时不是对职工特别关心，职工会为酒店利益而不顾自己的健康，这是难以想像的。

所以，餐馆老板要爱护自己的员工。

第四，餐厅的老板要英勇果敢，富有进取心。

看准的事，一定要勇敢地去做。一个老板，主要是起经营决策的作用。

50. 善于借助他人之力

韩非子在论述帝王的治国之术时，曾经把普天之下的皇帝们分为三等：

第一等是能够借助于他人的智慧和力量治理国家的人，这是最好的；

第二等是只懂得用他人的力量而不懂得用他人智慧的人，这是次等的人；

第三等是既不懂得借用他人的智慧，也不懂得用他人的力量的人，这种人最差,是最不合格的员工。

从他的这些话中,我们不难看出,一个优秀的管理者应该是一个非常善于借用他人智慧和力量的人。

每一个经商的人一定都会有这种感觉:每天的事务实在太多了,仅靠自己一个人的力量根本无法顺利完成。

对于餐馆的老板而言自然也是如此。

别以为开餐馆就是一件轻松的事情,这种生意也是需要花时间和力气才能做好的。

人们常说:开门七件事——柴、米、油、盐、酱、醋、茶。过日子尚且有这么多的事情要做,开餐馆就更令人着忙了。

餐馆老板需要考虑的事情有很多,诸如:原料采购、饭菜质量管理、餐馆的财务收入状况的审查、提高服务质量、做广告、交税等等,都是必不可少的。

这么多的事情,如果仅仅凭一个人的力量,是根本无法全部做完的。

因此,聪明的老板都会想到一种更为有效的方法——借助他人之力。

确实,老板应当"简政放权",把一些琐碎繁杂的事情交给员工们去做。

比如,在解决如何提高餐馆的服务质量这一问题上,老板应当充分发挥领班服务人员的作用,让他们以身作则,加强自律,并对其他员工进行严格的监督和积极的诱导,从而起到模范带头作用。如此一来,整个餐馆的服务质量自然就会提高了。

再如,在提高饭菜质量和开发新产品的问题上,老板应当把主要的权力交给厨师们,让他们开动脑筋,大胆创新,调动厨师的积极性和创造性。

如果餐馆老板在整个经营活动中都能履行"抓大事、放小事",甚至有时连一些"大事"也放给员工们去解决的话,则餐馆的营业额必然会大大增加。

实际上,这样做的好处是很多的:

其一,老板这种做法会使员工们感受到自己是被尊重的,拥有更大的自主权,因而心情舒畅,愈加努力工作,并积极发挥自己的效用。

其二,老板可以由此而得到一定程度的解脱,减轻负担,从而把主要精力放在那些最需要自己去做的事情上;

其三,劳资关系会由此而变得更加和谐、融洽,而这恰恰是使顾客感到满意的最基本条件。

当然,好处还有很多,不止以上三点。因此,为了使自己的餐馆"更上一层楼",老板就应当改变"事必躬亲""眉毛胡子一把抓"的笨拙做法,而转变为"借助他人之力"。

51. 善于倾听

作为管理者，首先要长着一对善于倾听的耳朵。即便是最好的经理也常是善于听人讲话的人。

有一个人被聘为一家公司的销售经理，他对该业务实际上毫无详细的认识与了解。

每当经销人员遇到问题，来征求他的意见时，他实在是无可奉告——因为他的确一无所知。

尽管如此，这位经理真的善于倾听别人说话。

所以，无论这些人问他什么问题，他总是如实说："你想呢？你觉得你应该怎样做？"

于是，对方就会提出一个解决的方案，而他总是点头同意。

因此，问他的所有的人都心满意足地离开了，而且他们在心里认为这位经理真的不错。

一个人以特别低廉的价钱买进一个造纸厂。

前任厂主对他说："我很高兴我这家工厂可以脱手。我的员工们近年来愈变愈难应付了，这些年来，我替他们做了这么多事，他们好像一点也不知道感谢，反而打算向工会提出诉愿，我才不会跟工会的人打交道呢！"

等这个人成为厂主，他立刻召集全体员工举行了一个公开的会议。

他说："我希望你们大家都有个愉快的工作环境，你们有什么建议吗？"

结果，这些员工的要求不过是一些细枝末节的改进。

例如：重新装修洗手间，在衣帽间里装设大镜子，还有在休息室里陈设贩卖机等等的小事。

这些员工的要求只有这些，新厂主自然慷慨照办。

结果，工会从没有找上门来，直到现在，主雇双方皆大欢喜。

一家餐馆的老板也一定要学会倾听店员的心声。

你可以从厨师那儿听到他对厨房、对采购的材料等等的建议和意见；

也可以从服务员那里听到客人对饭菜质量的意见，对服务态度的建议和意见，对整个就餐环境的建议和意见，当然还有服务员自己对服务的一些设想。

因而，作为一个老板，作为一个善于倾听的老板，可以定期举办一些座谈会，倾听店员的看法。

这样，可以从店员的谈话中找出餐馆的不足之处，以求改进。

现代餐馆的老板已不仅仅是做出决策，同样，倾听别人的意见也成为现代餐馆老板的特征之一。

倾听只是一种手段，目的是从倾听别人的谈话中找到不足、缺陷，从而采取措施以图改进。

这就给管理者提出另外一个要求，那就是善于纳谏。

一个善于听取职工建议的人，必是一个十分重视员工的人。

别低估你的员工，他们才是企业里的无价之宝。

老板应当明白，当他试着提供一个公平而又实在的薪资标准时，他同时也知道，不能就此把员工定价下来。

他应当知道员工的价值存在于他们的技能、经验、知识以及他们的贡献、承诺和努力等各方面。这样，老板才有可能做到采纳员工的建议。

千万不要对餐馆员工的建议置之不理，而是要以平等的身份与员工商讨。

店员的建议如果得不到重视，店员便会失去创造的主动性，便不会再为餐馆提出任何建议。

所以，哪怕店员提出的要求、建议多么不合常理，也不要讥笑他，或者打断他的话，而是要经常去鼓励他们，让他们多为餐馆提出意见。

餐馆老板并不是什么都知道．只有真正执行工作的员工才最清楚工作的状况。

但是，如果他不把他的心得、烦恼说出来——尤其是告诉他的主管的话，那么一切都是枉然。

所以，要鼓励员工说出来。

我们明白，餐馆服务质量是要以满足顾客的要求为标准的。

那么，如何衡量顾客的满意程度呢？如何评价员工的表现呢？

作为餐馆的老板，可以让员工直接去问顾客，和顾客直接交谈。

要使你的员工能积极为餐馆的生意兴隆考虑，鼓励回馈是必不可少的。

鼓励你的员工，使他们有反应与回馈是非常重要的。

但是，当你这样做的时候，你必须同时遵守下面的三个原则：

(1)倾听他们提出的意见。

(2)收到信，必定回信通知对方信已经收到。

(3)对所有提出有价值建议的人员予以表扬。

借由听取工作人员的意见，餐馆管理者便可改善服务，可以根据顾客的反应与需求，发展新的服务。

比如餐馆的客人们屡次对餐馆的某道菜的味道提出同样的意见，工作人员便可将客人的意见反馈给管理者，从而顺应顾客的要求，改变其味。

又如夏日，顾客常常希望能吃到冰凉爽口的东西，那么餐馆便可以向顾客提供冰类“食品”。

这样，既满足了客人的需求，又扩大了餐馆的营业额。

52. 使用诚实的人进货

“使用诚实的人进货”，这也是餐馆老板在管理活动中必须遵循的原则。

一般而言，在招聘员工时都应当录用那些诚实的人。然而，“智者千虑，必有一失”，很多时候老板也无法确信某人是否诚实，只有在经过一段时期的观察后才能下结论。这就难免会使一些品质不良的人浑水摸鱼，被雇用到餐馆之中。

然而，这种“不实小人”经过一段时间后就会原形毕露。此时，老板就应当果断地把他清除出去。

尤其对于那些采购原料的人，老板更应当慎重选择，严把这些人的“品质关”，不让奸诈之人有可乘之机。

为什么对进货的人提出这种“更为诚实可信”的特殊要求呢？

这主要有以下两个方面的原因：

第一，进货价格是否合理是决定餐馆是否赢利的先决条件。

如果餐馆的原料购进价格偏高，则会增加其饮料饭菜的成本，而当成本提高之后，要想保证正常的赢利率，则必须提高饮料饭菜的价格。但是，你的其他同行未必也会像你这样做，所以你便会在激烈竞争的状况下被别家餐馆挤垮。

细究起来，造成这种恶果的罪魁祸首就是那些不诚实的原料采购者，很可能是因为他谎报价格，从中渔利。有时候，这种人还可能会和原料出售者狼狈为奸，共同欺骗业主，对此也不可不防。

第二，餐馆所需购买的原料数量大、品种多，这和居家过日子购买菜蔬有所不同。因此，如果不诚实的进货人把每斤菜的价格多说出一分钱，那么积少成多，就会给餐馆经营者带来十几元或数十元的损失。

假如不诚实的进货人心黑手辣，撒谎水平更高的话，则造成的损失就更大了。

这种情况，尤其对于那些生意兴旺、需要原料的数量庞大的餐馆来说，造成的损失将会更大。

由此可见，使用不诚实的人进货，其危害是多么大。

当然，餐馆老板也不能轻易怀疑别人不够诚实，因疑心过重而冤枉好人，这同样会带来不良后果。

因此，这就要求老板们善于识人和用人，选择出最得力的人选才行。

53. 十个"一"的管理方法

日本的村井岗夫十分注意小问题的处理，许多中国的酒店老板也意识到了小问题的重要性。

把酒店管理中的小问题作为管理的重要方面来抓，以期提高餐厅的服务质量。

在星级宾馆的管理中，老板总结出十个"一"作为管理的重点来抓。

(1)一个发型

员工的发型在有的酒店中还没引起足够的重视。

有的女性员工留长发不加任何头箍，披头散发；

有的男性员工两边的头发碰到耳朵，后面的头发碰到衣领。

目前，有的男性员工还流行头路开在当中的发型。

观察香港的一些较高档的酒店员工的发型会发现：女性员工可以留长发但都有头箍，而且头箍不太花哨，男性员工发型或是三七开，或是一边倒，但是一律梳理整洁，给人一种自信、稳重之感。

(2)一块名牌

服务员佩带名牌的目的主要是客人在接受服务时，便于对员工进行辨认或表扬批评或继续联系。

也便于内部管理人员在检查工作时确定问题出在什么部门的员工身上，或者什么部门的员工应予以表扬。

因为高层管理人员不可能记住每一位员工的名字。

名牌佩带要统一，名牌要干净、整洁。

若名牌坏了、脏了，要及时修理、清洁，不能用透明胶带黏合一下，应付了事，要像军人带肩章、领章一样严格要求。

(3)一个站立姿势

营业空闲时，有的服务人员倚墙而立，或趴在柜台上，或斜站着，或几个人交头接耳、谈笑风生。

解决这个问题的方法，除了培训外，在营业空闲时，管理人员要善于安排，只留下足够的服务员在外面接待服务，其余的可暂时撤到后方区域去干别的或休息，一旦有任务再来。

但必须规定，出来接待服务的必须有站相、有精神。

(4)一只电话的接听

电话是宾馆内使用频率最高的通讯工具，使用者不外乎客人、供货商、外来联系工作人员的和宾馆员工。

使用规范、正确的接听电话用语可以节省时间、提高效率、减少矛盾、融洽与各种人之间的关系。

(5)一只黑灯

星级宾馆要求店内该亮的区域要亮，该暗的区域要暗。

酒店照明区域很大，有的地方须24小时亮着，若出现“黑灯”现象，哪怕是一盏黑灯，也会给客人留下不良印象。

有经验的客人一进大堂或餐厅就四周环顾一下厅灯或壁灯，很可能对该宾馆的管理水平窥知一斑。

所以要加强巡视，及时修理等。

(6)一块铜立牌

酒店在日常服务中，常常要在铜立牌内贴有关活动通知，如会议、婚宴的某些通知。

这块铜立牌起到安民告示的作用。

铜立牌要擦得干干净净，不能有一点锈斑、手印。

铜立牌质量要好，不能前倾后倒。

铜立牌内的安民告示的字体要工整、秀丽，内容要明确、清楚，如时间、地点、名称等。

活动前要将铜立牌安置在恰当的位置，活动一结束就撤走。

还要补充说明的是，酒店内某一营业点因内部整修而暂停营业，一定要预先在适当的地方置一铜立牌，注明停业原因，何时开业。

最后还要附上请客人谅解的词语。

(7)一根话筒音响设备的电线布置

酒店中免不了要接待会议，为客人提供话筒、投影仪、音响等设备。

但这些设备的电线的布置，有些酒店的有关部门往往会忽视，认为只要接通电源，设备好用就行。

较好的做法是用一种粘贴纸将电线有规则地粘在会场的地板或地毯上，一般电线按直角布置，留有一定长度的电线余量，使用者便于临时移动位置，多余

唯高博士餐饮文化理念

唯高博士语录：

餐饮传承文化，文化推动餐饮。

唯高博士餐饮文化理念

唯高博士语录：

文化与餐饮的结合是当代餐饮企业发展的唯一出路。

的电线一定要扎好，放在隐蔽的地方。

(8)一件客用品的修理

客用品的修理一定要讲究质量尤其是不能认为只要好用就行了。

有时客用品是修好了，但上面还留有油迹等，修理时要采取适当的措施，不要因此损坏或弄脏了其他物品，修好后，要及时将现场收拾干净。

(9)一张客人留言条(信件、报纸)

客人的留言、信件、报纸一定要及时准确地送到客人房间，不能只顾处理其他事务，而延误了送递时间。

千万别小看只有几句的留言或一封平信，可能就会因为延误了送递时间，给客人带来损失或造成别的麻烦，而使得客人投诉，造成麻烦的后果。

(10)一张放进客房内的通知或宣传品

酒店有时会因某些工作给客人带来麻烦，造成不便，如清洗大楼外墙(包括窗玻璃的外侧面)会给睡觉晚或白天呆在客房内的客人带来不便。

也可能因某项重大装修、改建而给住房客人的用餐、娱乐、住宿造成麻烦。

在这种情况下，就必须预先将有关内容的书面通知送到客房，以示尊重客人，并希望客人谅解、配合。

另外，酒店内举办重大活动的促销时，主要是餐饮方面的促销服务活动，如“啤酒节”“欢乐时光”等，一定要将这类广告宣传品放进客房内，让客人知道。

放弃这不花钱的广告机会是很可惜的。

无论是安民告示的通知，还是广告宣传品，一旦准备放进客房，就不能白纸黑字一张，往台上一放了事。

通知必须设计合理、美观，讲究质量，提前放，按时放，字迹清晰，有时还要中英文对照。

无论是日本村井岗夫的小题大做，捡芝麻当西瓜，还是中方酒店管理人员的十个“一”管理，都强调了酒店、餐厅管理一定要十分注意从细小环节抓起。

只有这样，餐馆、酒店的服务质量才能得到改善。

只有这样，餐馆、酒店才能效益好，餐馆、酒店老板才能赚到钱。

54. 奖励比惩罚更可取

作为一家餐馆的老板(或管理者)，一定要用心听取意见。

否则店员会想：“我再不会自找麻烦，向老板提意见了！”

他会想：每回我提意见，老板就会说："做好自己的工作就可以了，其他的我会妥善安排。"

如果这样，不仅会因此漏掉了许多宝贵的建议，而且也会打击工作人员的积极性，让人有受挫感。

所以，作为餐馆的老板，你要让店员信任你，相信你愿意倾听，他们自然会告诉你所需要的消息与意见。

作为餐馆老板，一定要学会奖励，对所有提出有价值建议的人员予以奖励，这包括精神奖励和物质奖励两方面。

店员提出有价值的建议是经过一番思索、考虑后得出的，可以说是在做好自己原有工作基础上的额外工作，因而理应得到奖励。

老板的奖励是对其成绩的一种肯定，同时也会向店员们提供这样一个信息，老板是喜欢听取店员意见的。

这样做会大大激发每个店员的积极性、主动性。

这样，每个店员都会为餐馆着想。

只有每个店员的作用得到充分发挥，餐馆"这堆火"才能越烧越旺。

$ 55. 注意言谈举止

餐饮服务人员除仪表要精神、干净、利落之外，服务人员的举止也直接影响客人对服务的满意程度。

餐饮服务过程中，服务人员任何一个微小的动作都会对客人产生影响。

所以，服务人员行为举止的规范化是餐饮服务的基本要求。

(1)头脑灵活、反应敏捷、记忆准确，有丰富的餐厅知识。

(2)眼睛要经常留意客人的表情，注意客人的手势。

(3)手脚举止要配合适当、适时。动作要求规范，不要显得僵硬或忙乱。

(4)要以沉着而冷静的态度为客人服务。

(5)讲话要有礼貌，声音清晰，高低适中，发音正确而标准。

(6)和蔼诚恳，态度自然，使人感到亲切、愉快。

(7)站姿端正，潇洒大方，轻松自如，不做作。

(8)工作时要有良好的习惯，不允许有吃喝、吸烟等行为。

56. 培养友善的服务态度

作为餐馆的管理人员一定要培养服务人员对自己工作的兴趣。

如果服务人员缺乏工作兴趣或工作态度不好，会使客人的就餐场面无序、杂乱或出现尴尬情形。

因此，服务人员一方面不要妄自菲薄，视自己的工作如差役、奴仆一样，另一方面也不要看做无所谓，马虎大意，而应树立起职业意识。

服务人员要养成热爱工作和生活的态度，可以从中享受到人生乐趣。

服务人员的友好、愉快、礼貌、热情的服务，反映了他们与人交往的水平，展示了服务员的精神面貌和道德水准，这也是餐厅服务人员的必备素质。

一个热情友好、充满活力的服务人员用乐于助人的态度去接待顾客，会赢得顾客的尊敬和喜爱。

身为一名服务人员，应感到自己是餐厅的主人，用热情、礼貌、耐心、周到的服务态度去接待客人，给每位客人提供他所需要的各项服务。

友善的服务态度，表现在以下的几个方面：

(1)应快速为赶时间的客人提供服务。

(2)当客人感到寂寞、孤独时，可与其亲切的交谈或提供报纸，这样可以调节顾客的情绪，从而使他们感到惬意。

(3)当顾客看不懂菜单时，要向他们作介绍，并乐于回答各种问题。

(4)在顾客举行祝宴会时，提供可增加喜庆气氛的菜肴和酒。

(5)客人手头不宽裕时(通过观察)，可建议客人点盒菜或经济菜。这样，客人定会再次光顾。

(6)假如客人在节食，要建议他用合理的菜肴。

(7)也要根据情况提供额外的服务，如提供烟等。

(8)可适时提供食品信息和符合顾客用餐习惯的服务。

(9)尽量记住客人的姓名、座位、喜欢的食品等情况。

(10)为儿童提供高背椅、围巾和甜饼干。

(11)放好窗帘，使顾客感到舒服，把音乐的音量放低，尽量避免让客人坐在音响下面感到不舒服。

(12)帮助客人把食品包装好，尽量满足客人的合理要求。

(13)服务要迅速、敏捷、准确。

(14)任何时候都要保持良好的态度。

服务人员的工作态度,可以简单地概括为“真诚的服务”。

尽管每天保持一副愉快的面孔很困难,但微笑、谦恭致意、礼貌待客这些素质是可以培养出来的。

服务员若礼貌和真诚,大多数客人都以礼相待,真正不讲礼貌和不讲道理的客人是很少的。

总之,服务员要有礼有节,态度大方,不亢不卑。

服务人员提供第一流的服务是建立在真正乐意为客人服务的态度基础上的。

礼貌是使顾客满意的前提。

对大多数到餐厅用餐的客人来说,或者是为了某种喜庆,或是款待朋友,或是为享受高雅的服务。

服务人员礼貌、细致、热情的服务会在很大程度上满足客人的各种要求欲望,使顾客感到像在家里一样,顾客来就餐就会有一种归属感。

绝不能够给顾客一种排外、欺外的感觉和印象。

我们的推销建议无论在点菜、饮料还是价格等方面,都应使顾客觉得我们是在真正帮助他们。

建立顾客对服务员的信赖感,有赖于真诚的服务态度。

对到餐厅用餐的顾客,我们绝不能挑剔他们,适当时候要对他们的服饰给予赞赏,对问题的看法给予认可等。

总之,要向顾客投以羡慕的目光,让顾客有一种认同感。

我们提供的菜肴是一流的,服务是一流的,顾客自然会产生一种荣耀感。

这样,他不仅自己会再次光临餐厅,而且会自豪地告诉他的亲朋好友他来过餐厅的体验。

这也是餐饮服务需要达到的效果和目的之所在。

57. 训练餐饮服务的技能

餐饮服务人员充当着餐厅主人的角色,除具备良好的道德修养外,还要有一定的餐饮服务技能。

餐饮服务人员首先应具备交际能力。

交际是通过听、说、写和体态语言进行的。

特别是服务员的声音,就像他的外表一样,能把自己展示给客人,并且反映出热情、关心等情绪。

只有具备一定的交际能力，才能给客人提供满意的服务。

(1)说的方面必须做到

①友好。生动活泼，给人以亲切的印象，使客人感到你的友善

②真诚。真诚的声音表示你对客人的关心和尊重，不应有不适当的表情。

③清楚。声音必须清晰，显示友好的态度。

④愉快。愉快的声音也易听清。

⑤表达力。变化声音表达你想说的意思，使客人易于理解。

(2)听的方面必须做到

①把握顾客的观点和所说的事实，注意顾客说的内容，集中精力，听完后再复述一遍，检查是否准确。

②眼光的交流，有助于集中听客人说话，并表示在考虑他说的话。

③不应让其他人打扰，应离近一些，或要求对方声音略高一些。

(3)写的方面应做到

写是服务人员应具备的基本条件之一，包括书写顾客订、点的菜肴，填写账单等基本的算术技巧。

(4)体态语言交流

微笑、点头、眼睛的交流、姿态等身体动作都有助于增强你的表述能力。

使用体态语言要使对方感到舒服、自然、优雅而有诚意。

58. 学会应付13种难缠的客人

服务员在为顾客提供服务的时候时常会碰上难缠的顾客。

这时怎么办呢？

首先要抱着“顾客的要求是正确的”这个原则为顾客提供服务。

顾客提出的正当要求应尽量满足，绝对不能与顾客争吵。

如果发现问题不能处理，应把情况报请领班处理，或由领班报告经理。

假如顾客与服务人员纠缠，尤其是牵扯到不应谈论的问题时，服务人员要微笑表示歉意并迅速离开。

服务员应区分各种情况，对症下药才能解决问题。

有些顾客感到饥饿，有些顾客喜欢大惊小怪、小题大做，有些顾客会感到服务人员的帮助是多余的……

服务人员应尽快了解自己的顾客并提供相应的服务。

无论遇到的场合多么复杂,也不难发现顾客中存在的一些通性。

一位优秀的服务员应能通过观察分析来掌握顾客的心理及妥善处理各种情况的方法,使顾客满意。

顾客的情况,一般可以概括为以下 13 种类型:

(1)匆忙的顾客

对于赶时间的顾客,首先应在顾客愿意的情况下,介绍他们去附近快餐馆就餐。

如果没有快餐馆,要向顾客简明扼要地介绍他们所点的菜需要等候的时间,并介绍一些现成食品。

服务时要迅速提供饮料,并把甜点和主菜同时上。

如有可能,应建议客人点可携带的食品,提供尽可能快的服务。

(2)犹豫不决的顾客

可以给这类顾客提出建议,但不要催促他们。

如果顾客在点菜时花的时间太长并自责时,不要有生气的表情,不要让顾客因点菜慢而有内疚的心情。

(3)节食的顾客

服务人员要了解每道菜的成份、用料和准备方法。

要向顾客介绍哪些菜是适于节食的。

要根据餐厅制度给节食的顾客介绍合适的替代菜。

(4)"噪音"顾客

这类顾客会在餐厅故意制造"噪音"因而影响他人。

服务员在安排座位时,应尽量让"噪音"顾客与其他人分开。

如果"噪音"变成了问题,应报告领班和经理来劝阻。

(5)生气的顾客

对于生气的顾客应任其发泄,并试图给予帮助。

待客人冷静下来后,应关心地询问一些问题。

如果食品饮料溅洒了,不要去找顾客的原因,而应用毛巾擦净桌子。

如溅到地上,用椅子盖住脏的地方,并为客人换一个餐桌。

(6)抱怨的顾客

如果顾客所点的菜不在菜单上,应客气道歉并向顾客介绍类似的菜。

如果客人对主菜的生熟有挑剔,应毫不犹豫地换掉。

应仔细地听取客人的抱怨,并尽量协助解决问题。

(7)**无理取闹的顾客**

服务员要礼貌并有尊严地对待那些无理取闹的顾客。

应尽可能不予理睬,除提供必要的服务外,避免离桌太近。

应尽量自然地对待这些顾客,尽量避免卷入。

如果有人行为不检点,应向经理报告,避免争吵。

(8)**中毒的顾客**

如果出现顾客中毒,应马上报告领班和经理,一定不要去挪动顾客用过的饮料、食品药物等。

(9)**小孩顾客**

孩子是可爱的小顾客,但也可能是最大的难题。

为使孩子高兴,服务员要做很多工作,比如给孩子提供高背靠椅等。

在给孩子上菜以前,请示其父母是否给孩子上小甜饼之类的食物等。

在父母没有要求的情况下,不要问孩子需要什么。

给孩子上菜的分量应符合餐厅要求。

用餐中多提供几次餐巾纸,餐后提供擦手的热湿毛巾。

(10)**老年顾客**

老年人适合在远离餐厅噪音区的位置就座,但不要把老年人和其他顾客分开。

帮助老年人选择适合他们营养需求的菜品。

如果顾客对所点的菜的分量提出要求,服务员可与厨师商量,尽量满足要求,还要记住老年人不宜食用太多的甜食。

(11)**盲人顾客**

让盲人顾客扶住你的左臂并引导入座,不要碰他的手杖。

拿走餐桌上不必要的凌乱物。

调味品要靠近客人。

向客人介绍菜单并说明其价格,询问顾客所喜欢的食品。

上菜时,要说明菜肴的名称。

交递账单时,要大声报出每一道菜的价格和总的费用。

(12)**伤残顾客**

很多伤残顾客需要服务人员的一些特殊帮助。

移动椅子让轮椅靠近餐桌,是最迅速、最好的帮助。

(13)**患病顾客**

如果顾客在进餐时病倒,应立即通知医务人员。

要提醒顾客的同伴，给予必要的帮助和照料。

如果顾客摔倒或失去知觉，不要去移动他的位置。

如果顾客醒来，尽量使其清醒，等待医生的到来。

要使服务人员做到以上这些，严格的培训是必不可少的。

当然，企业的管理者要关心员工，增强企业对员工的凝聚力。

顾客的类型也许远不止上面提到的这些，但作为餐厅服务人员，应采取不同方式达到同一个目的——使客人满意。

$ 59. 中高档餐厅的经营与管理

餐厅是餐饮部进行食品、饮料销售的窗口部门。

尽管有的公寓型饭店强调餐厅营业衬托客房销售，而不注重其盈利，但是，多数饭店、酒店的餐厅是餐饮部经济收入的主渠道，力求最大限度去获取盈利。

所以餐厅的管理如何，关系到整个餐饮部的声誉。

餐厅管理是在餐饮部领导下，按不同餐厅的经营特点，执行既定的计

划，组织并运用各种人、财、物资料，搞好销售、服务以及财务、成本控制和卫生、人员培训等各方面的工作。

这样，餐厅才会有效地正常运营。

餐厅根据其功能不同，可分为多功能餐厅、宴会厅、风味餐厅、零点餐厅、团体餐厅、日本料理、歌舞厅、西餐厅、扒房、自助餐厅、咖啡厅等。

多功能餐厅是餐厅中面积最大、设备最齐全的大型餐厅。

既可用做大型餐宴、茶会，又可用做大型展览销售等场所。

宴会厅是供中餐宴会、西餐宴会使用的餐厅。

风味餐厅是为客人提供中西方特色菜肴、海鲜及火锅等的餐厅。

零点餐厅是为散客提供适合个人口味的随意性点菜的餐厅。

团体餐厅也称包餐厅，是专供团体就餐的地方。

日本料理是专供日本、朝鲜风味餐食的餐厅。

歌舞厅是既供应中西餐、酒水、小食品，又提供音乐欣赏、跳舞活动条件的餐厅，还有伴舞等。

西餐厅是供应美式、法式或俄式餐为主的餐厅。

扒房是为高消费的客人提供扒烤食品和名酒的西餐厅。

咖啡厅是以供应咖啡为主，兼供小吃、快餐的餐厅。

一家饭店的餐饮部可根据其经营风格、目标和客人有选择地设置上述餐厅中的一类或几类。

要做到有针对性。

餐厅的经营管理和其他任何行业一样,是通过计划、组织、指挥、协调、控制等过程,使餐厅的工作人员协调起来,以达到经营目的。

经营一个餐厅,主管人员首先要确定衡量经营业绩的各种标准。

一般而言,经营人员可确定下列的几项标准:

(1)质量标准

包括原料、产品和工作质量的标准。

(2)数量标准

指重量、数量、分量等计量标准。

例如每份菜肴的分量、每杯饮料的容量以及职工生产产量等。

(3)成本标准

通常称为标准成本。

(4)标准程序

指日常工作中,生产某种产品或从事某项工作应采用的方法、步骤和技巧。

(5)物质损耗标准

包括对各种餐具、容器和棉织品等规定的最高损耗率,以加强监督与考核。

餐厅经营人员为搞好控制工作,可编制生产计划表。

在此表上列明各种菜肴名称和饮食品会计师预计的销售量。

这种生产计划表应提前编制,尽早交给厨师长,以便通过制定生产指标,防止花费过多的成本。

这种生产计划表可根据客房部销售预算中的某些预测以及外来就餐客人和其他订餐业务的因素进行编制。

此外,经营人员还可进行销售史资料的编排。

这样可以掌握销售信息,做到销售情况心中有数。

销售史资料是一种记录菜单上各种菜肴售出客数的书面资料。

这种资料可按如下方法编排:

(1)按经营期编排

例如:以一周为一个经营期.在同一页或一张档案卡上填写每天的销售量。

(2)按工作日编排

例如:可对几个星期的星期五的销售量进行比较。

(3)**按主菜菜肴编排**

这样，可根据某一菜肴在连续的一段时间内的销售，判断这种菜肴是否适合销路和顾客的欢迎程度。

在销售史资料记录表上，还可记录会对销售量产生影响的其他信息，如天气状况、特殊事件等。

60. 识大体，也要重小节

古人云：千里之堤，溃于蚁穴。

这句话告诉人们，对于细小的疏忽也要十分重视。

因为大的错误往往是从对细小的地方疏忽开始的。

作为一家赚钱餐厅的老板，也往往是十分重视小问题的。

日本成功餐厅的老板村井岗夫的做法在这方面可谓典范。

在日本，营业员、服务员最基本的课程就是微笑。

员工之间平时见面都要互相打招呼，见了上司更是如此。

这或许是一件小事，但这样既能增进员工之间的团结，又能培养员工自觉养成一见客人就会说“欢迎光临”的良好习惯。

员工之间的友爱会促使你同样满腔热情地对待客人。

“我们大家的奖金、工资、福利都来自每一个客户的口袋。”

“如果把酒店比做大厦，那么即使是只喝一杯咖啡、一杯茶的客人，也是支撑这个大厦的一块砖、一片瓦！”

这两句常常挂在村井岗夫的嘴上，而且他也用这种思想来教育员工。

他让员工从内心深处去欢迎每一位顾客，自觉地用微笑去迎接客人，而不是机械地说声“你好”。

下面的这个例子充分地表明了村井岗夫的这种思想。

一次，酒店的服务小姐无意将一位客人的账单算错，多算了20元钱。

客人虽然有些疑问，但还是照账单的数额付了账。

此事被老板村井岗夫知道后，他马上责成有关人员仔细查找原因。

他决定扣发当事人和该部门经理的当月奖金。

另一方面，想方设法同客人取得联系，委派酒店的副总带着那位小姐去道歉。

他们不仅退还了多收的钱款，还赠以高档礼品表示歉意。

因此，老板经常让员工设身处地地想：“如果我是客人……”

老板村井岗夫甚至喜欢小题大做。

大堂一角的地毯上不知是谁丢了一张火柴盒大小的纸片，服务员走来走去没把它当回事，这些被老板看到了。

对一般人来说，这是一个微不足道的小问题，甚至算不上一个问题。

但是，村井岗夫却小题大做，为此发火了："地上有纸屑，你们为何都视而不见？"

为这事他足足"教训"了两个多小时。

大堂经理被训得流下了眼泪，心想："有必要动这么大的肝火吗！"

但是，大堂经理还是马上拿吸尘器去吸这张纸片。

可老板却阻止了他，非让他用手捡，并说："只要看到地上有纸屑就要去捡。"

老板还说："中国大街上，清洁工扫地的次数比日本的多，但为什么还是不干净？这是为什么？"

"就是因为乱扔垃圾的太多！"

这条后来也成为酒店招收新员工的一个条件。

所有新员工，包括聘任的某些部门的经理报到的第一件工作就是捡垃圾。

他们在众目睽睽下，在花坛边、草丛里、营业大厅前把垃圾捡起来。

英俊的小伙、柔弱的小姐硬是被老板的"下马威"给镇住了。

店堂里的花叶是否有灰？灯坏了为啥没换？墙上的挂件是不是该擦了？

这些小问题都逃不过老板的眼，又会被村井岗夫小题大做一番。

这些看起来无关大雅的小事却直接关系着餐馆效益的好坏。

下面的这则例子，就能说明小题大做的价值。

一次，小王与好友相约去一家在蓉城小有名气的酒家聚聚。

酒家门前身着旗袍的两位楚楚动人的迎宾小姐分立两旁，热情相迎。

门内的服务员面带微笑将小王等引入一豪华包间入座。

环顾四周，满是豪华的装潢和周到的服务，这是一家上档次的酒家。

可是，当客人们撩起白色桌布时，却发现桌布下有几只死苍蝇和一些不堪入目的鱼骨头和油污。

再看立于墙角的几个花盆，里面有不少烟蒂，绿叶上满是灰尘。

尽管送菜的小姐动作规范、热情周到，但那十指涂着一层艳红甲油的指甲却让人怎么也提不起胃口来。

如果你是小王，经历上述情况后，下次还会再来吗？

看来，村井岗夫平时的小题大做确有其不言而喻的道理。

有时候这些小事的处理的确比大事还要来得重要！

八、自主培养厨师11则

餐馆业始于人才培养，基于人才培养——这是餐馆经营者必须坚持的一大原则。唯有牢记这一原则，贯彻这一原则，才有无限发展的可能。

无数事实已经证明，唯有靠人才培养的店才能够成功。

假如“关键”的厨师不是由自己亲手栽培的话，餐饮业要取得成功便十分困难了。

日本著名的餐厅开发专业顾问中村反三光先生，曾经指导过几家生意极为兴隆的餐厅。不管哪个餐厅，每天都有大排长龙的顾客，并且声名远播。

在指导这些餐厅时，中村先生实行了一条鲜为人知的策略，那就是都不聘请所谓的“大牌厨师”，而是遵照他为公司定下的规则，进行厨师的自主培训，继而为餐厅培养出自己的专属厨师。

其实，这一点是餐馆强化经营组织最为重要的一个秘诀。

世界上有很多餐馆的经营者，为了方便省事，便想方设法从某个有名的餐厅或饭店，把累积了五年或十年烹调经验的厨师挖过来，然后让他们担任餐厅的主厨或是负责人。结果，因餐厅的重要理念和经营方针无法靠他们贯彻招待而导致中途失败的例子随处可见，这都是没有自主培训厨师而造成的意想不到的恶果。

希望你能了解，“挑选刚从学校餐饮学科（或烹饪学校）毕业的人，在公司里从头教起”这种经营方式，才是强化组织的不二法门，也是成功经营赚钱餐厅的基本条件和必须遵循的原则。

经营餐饮事业绝不是一件容易的事情，而抓不住自主培养厨师这一关键环节的经营者，更是容易走上失败之途。

正因如此，所以你必须改变过去那种错误的“草率的人才培养”的做法，尤其要遵循“自主培养厨师”的原则。

61. 培养专属的厨师

应该如何去开创一个没有大牌厨师掌厨的餐厅呢？

答案很简单，只要开出年轻厨师也能烹调的菜单即可。

菜单的内容又该如何呢？

像虾、蟹等是大部分人都喜欢吃的食物，而且给人的感觉是颇为高级且价格昂贵，在一般家庭中，平常是很少吃的。

因此，我们便以这些食物作为菜单的主轴，然后再尽可能地便宜，让顾客有吃得丰盛又便宜的感觉。

另外，因为这些食物的烹调方式都极为简单，所以绝对有将其价格降低的空间和可能。

但如果你聘请大牌厨师的话，他们就很不喜欢利用这些素材。

大牌厨师一般不喜欢利用这些素材，因为他们并不喜欢烹调手法简单又非常好卖的商品，他们想做的只是展现自己的厨艺。

或许这是理所当然的，但是，餐厅若完全仰赖大牌厨师的话，那结果就是和以顾客为主的目标越来越远。

这么说，是不是就完全可以不用厨师了呢？

那倒也不是。

需要"培训厨师"这是肯定的。简单地说，就是需要不卖厨艺而以顾客为主的厨师。

这样的厨师能够根据顾客的需要设计商品，并和经营者一起考虑整个餐厅的共同利益而不以个人为主。

你可能会经常听到"每一家的大牌厨师也都这么做"的说法。

然而实际上，经营者并不完全认同大牌厨师的理论。

经营者常想的是"何时能把他辞掉呢""这样说他会不会被他反驳回来"等等问题，彼此之间积累了很多不满。

经营者对大牌厨师的愤怒已累积到一定的程度时，就确实会形成一种精神上的不安与压抑。

餐厅经营最重要的，就是用经营者的眼光来思考商品，再选择合乎时代潮流的食物，作为菜单的主轴。

因此，必须自己培养厨师，培养出属于自己餐厅的厨师。

试问：如果整个餐厅的营运都被厨师给掐住了脖子，那么，餐厅的生意会兴隆吗？有这可能吗？

为了要得到优良餐厅的评价，首先希望你能从这里做起。

你要认定不论做什么事，都不是因为别人的缘故，而且必须要制定安全经营的作战计划、思考战略、动员人力、谋求财富、赋予东西应有的价值，这才是真正的经营者。

$ 62. 厨师要敬业爱业

厨师是餐厅鲜美可口菜肴的直接提供者。

客人来餐馆就餐，除了享受优雅的环境气氛，最终所想就是享受到可口的、美味的佳肴。

所以，厨师对一家餐馆的重要作用是不言而喻的了。

对一家饭店来说，厨房犹如轮船的轮机部分。

厨师长就是轮机长，当每次起航的汽笛鸣响，他都应对此次的顺利航行充满信心和负主要责任。

因为他对轮机舱内的各主、副机性能的情况、人员的配备等了如指掌，对可能出现的各类问题有把握迅速处理。

餐厅厨师长是关键人物。

我们讲菜谱是餐厅的第一推销员，菜谱也是厨师长素质的首次展示。

因为身为菜谱的主要制定者，如不掌握、了解自己餐厅内各部门、设备、人员、市场及地区情况、顾客心理等诸多方面问题，他是无法制定好菜谱的。

作为一个厨师长，当他踏进厨房时，要能看到，作为餐厅的厨房，无论从地板到天花板，还是从灶台到案桌，都应该是整洁光亮的。

不仅如此，各种设施、器具排列还要得当，他的部下各就各位，将各自的工作有条不紊地展开。

一家赚钱餐厅的厨师长，他闭着眼就能知道仓库与冰箱内存有足够可以应付多少天的货源。

以及各种猪、牛肉、家禽、海鲜类各占多少，存放的情况，甚至是主、副料、调味品的储存等等。

厨师对菜肴的生产起着主要的作用。

而一名合格的厨师长，他本身就必须是一名较高级别的厨师。

他应该熟悉烹调过程的工艺诀窍，从而较好地把握烹调质量。

他应该懂得，对于厨师，不仅仅是做好每一个菜，更重要的是不断提高自己的烹饪技术、扩大视野。

因此，厨师长应该能为厨师们创造良好的学习进修条件，经常与厨师们探讨怎样将菜做得更好。

餐厅的营业一旦开始，厨师长应巡视各部门的生产运转情况，出现问题及时调整，及时满足客人的特殊要求，为餐厅服务员的优质服务提供保证。

营业结束后，厨师长还应安排好第二天的工作，即所谓的把事后工作转为事前工作的含义。

餐厅中处于各种角色的人们，各司其职，各扫门前雪。

如果能各自扫干净，那么这肯定是一家赚钱的餐厅。

作为一家赚钱餐厅的老板，你要做的就是使餐厅“各人自扫门前雪”，而且“扫”得很干净。

63. 大胆使用新手厨师

唯有尚未染上职业色彩的新手厨师，才能单纯地去体会那份感动、感觉，使菜式鲜活起来。

这里所谓的新手厨师，是指刚从餐饮学校毕业二到五年，正在饭店或餐厅继续学艺的厨师。

这些人的好处在哪儿？

就是尚未染上职业色彩。

他们的内心非常灵活，具有高度的可塑性。

对现在的大牌厨师持有怀疑的态度，也是他们的优点。

因为他们有二到五年的实际经验，所以已经具备了独当一面的基础和必要的条件。

对于人际的往来，也有少许的接触，社会关系正慢慢扩展。他们同时也具备了向前辈请教的智慧。

雇用新手厨师时，最好能将毕业五年、三年或二年的各分其类。

理由是什么呢？

因为社会的体验越深，对味道的认识也就越深。

而从技术到销售的掌握以及流行餐厅的资讯或体验的不同，都会影响到“憧憬”程度的多寡。

年龄则以二十三岁到二十八岁为佳，上限则要定到三十五岁。理由何在？

因为必须要求脑筋的灵活度。

烹调工作，基本上是创造性的事情，如果脑筋灵活的话，就经常能从各种地方接受不同的刺激。

例如：到原产地去调查素材的品质、加工的过程等，那时，可能会碰到产地特殊的调理方式，而这一点就有可能成为你开发新商品的启示。

能够将亲身体验到好多种新味道的感动深植在脑海中，并希望“让客人能吃到这种菜肴”的人，就是我们所需要的。

接下来要谈一谈性格。

绝对要雇用个性明朗活泼的人。

若要说内心欲望的话，生性热情，深思熟虑，有关怀心的人是最棒的。

如果思虑不够深远，那么当持续被要求做较难的工作时，就会讨厌眼前的辛劳而辞去工作。

如果没有关怀心，就无法有培育下属的心情。

唯有健全的家庭，才能提供这种人成长的环境。

尤其在农业、渔业、商店等自营业者的家庭中长大的孩子最合适。

他们的独立性强，而且大多自然而然地学到领导统御的诀窍。

为什么呢？

因为他们生长的环境通常没有长辈看守和照顾，比较独立。

相比之下，在领固定薪水家庭中长大的孩子，因为受到太多的照顾，很少有人生性热情、具有关怀心。

就像以前人常说的：“吃苦耐劳不会使别人获利。”

这样吃苦耐劳长大的人，受益的都是自己，这样的人，一定能成为踏实的人。

64. 招聘喜欢带给别人惊喜的厨师

雇用的新手厨师，要怎样培育，才能成为不输大牌厨师的厨师呢？

首先，要让新手厨师具有使客人心生喜欢的技术。

事实上，如果没有兴趣带给别人惊喜，就没有成为厨师的资格。

做菜的喜悦，原本就是使人欢喜。

不论是在家里或在餐厅，抱持的心态应该一样。

为了不让人吃起来味同嚼蜡，笑脸相迎的服务是必不可少的。

还有就是食物本身。

例如牛肉，如果是在别处无法尝到的柔软、甜美，那就真是太好不过的了，这是相当重要的。

另外，例如甜点的葡萄，如果不是家中常吃到的，而且巨大且味道更甘美的话，那么，就一定会令顾客对这家餐厅大吃一惊而倍增好感了。

从这小小的葡萄中，就可以了解到餐厅的态势，大家都能感受到。

没有感受到的，就只有厨师而已，这才是大问题。

65. 招聘具有谦虚的事物观点、谦虚的态度或言谈的厨师

怎样做才能拥有这样的心思——谦虚的事物观点、谦虚的态度以及谦虚的言谈。

所谓谦虚，就是最早使用自己成长的根本思考方式。

谦虚不会让自己感到虚无，可以看清自己的立场并提高自己的能力。

大家在话语上都会说谦虚非常重要，但是，若要实际执行的话，就需要非常多的付出与努力了。

一般说来，大家都习惯于为自己的立场辩护。

若不辩解而屈服的话，也会很容易被对方察觉到。

同时，因为自己本身的抵抗，使得辩护的心情非常强烈，所以，就无法汲取对方有价值的真意。

因此，就无法靠近对方要表达的真相。

所以，我们必须要先退一步来听听看，从侧面来思考看看，站在反对的立场来瞧瞧，总之要抓住各种机会，去探求永续、玄正、有用的逻辑。

若只是单纯的反驳之心，只为拥护自己的立场而辩解，那么，这样只会冷、打击对方的心态了。

你不妨以第三者的立场来看，以宽容的心来听听对方说的话。

这种态度，会让对方感受到你的心态是谦虚的。

如果你一直保持这样的态度，就一定能得到对方的信赖。

有一位在法国餐厅学习烹调技术四年的厨师，他对自己有在海外的经验而自豪，想法也相当高傲。对于创造性的菜式，有习惯性拒绝的偏见。

别人向他提出意见，他认为是“邪魔歪道”而完全不闻不问。

他只相信自己所学的烹调方式！

这是怎样的一位厨师呀，他忘记了谦虚的美德。

他为什么不喜欢自由的心呢？烹饪难道还分正道、歪道吗？

本来他四年海外的学习经验，应该是学到西欧的自由气息才对。

但是他却完全相反，反而成了被绑得死死的人。话不投机半句多。这样一来，就无人再想与他攀谈了。

对于从法国回来的人，一般人都觉得敬重，那是当他用谦虚的话语、谦虚的想法和他人交往的时候。

如果态度一点儿不谦虚的话，那就只剩轻蔑之心，而无敬重之情了。

餐厅是绝不可以交给这种人来经营的，因为他们在设计菜单、烹调食物时，绝无法带给客人惊喜。

事实证明了我们的看法是正确的。

第二年，这个从法国学成归来的厨师就离开了他所供职的餐厅。他是不得不离开的。

烹调的真髓，是对享用的人有谦虚的关怀之心。

然后以这种关怀之心去激发自己发挥自己的想象。

只有这样烹调出来的菜肴，才会活泼生动，华丽动人。

我想对以经营餐厅为目标的人说的，就是要先“谦虚”。

若不这么做，就看不到客人的心，也就无法成为流行的餐厅。

不论是连锁餐厅，还是单独的一家店，只要是服务客人的，这个道理就永远不会变。

只有从谦虚之中激发想象的餐厅，才能够迈向成功之路。

要教导新手厨师学会“谦虚”，首先要从遣词用句的教育开始做起。

要经常教他们讲“请让我来做”之类的话。

如此一来，就会在不知不觉中拥有一颗谦虚的心。

为了要拥有一颗谦虚的心，就应先从形式，也就是“遣词用句”开始。

我想，这也许是一种捷径吧！

66. 让厨师充分了解自己的工作

新手厨师的招募工作，可以先从餐饮学校来做，这样比较好。

因为在餐饮学校毕业后二三年的毕业生动向，通常还能掌握。所以，从那个地方找人，准确率较高。

你也可以在报纸上或求职资讯杂志上，刊登大幅的征人广告。

还有，你也可以拜托经营良好的饭店、餐厅里的主厨代为介绍。

雇用新手厨师的前提一定要说清楚，要做的是素材型餐厅，他们将成为餐厅的主轴，同时要教育来工读的人。

如果没有解释清楚，他们就会遵循前辈的步伐去走，这样，就会和自己设想的经营方式背道而驰。

例如，他们就不会有将技术传授给后辈的想法。

在技术是偷来才学会的古老传统中，是要花好几年的时间才会教给徒弟的。

所以，他们很容易选这种方式来教育工读生。

因此，你要清楚地告诉新雇用的厨师，不可以这样。

你要他们将工作的程序讲义化，并且要附相片，使烹调方式一目了然，烹调要决也要标清楚。

这种烹调讲义的制作，对新手厨师来说，因为不曾做过，所以备感困难。

但是，在制作的过程中，一定要合理地考虑到材料的原价、调理的时间等。

所以，这也是一种相当有用、有效的学习。

然后，在决定雇佣前，要有两到三个月的试用期。

让他试试调理、理论的理解、材料的搭配以及原价计算等各个方面的工作。

这是一个知道缺点以及改正以前癖好的时期，也是明白再教育的重点应该摆在哪里的一段时间。

还有，实际去做，也能知道要修正到什么地方。

总之，能快速修正、对理论有很深理解以及认真投入工作的人，才是聘为正式员工的最佳人选。

67. 对厨师进行必要的实践教育

对于已经雇用的新手厨师，我们应该做怎样的实践教育呢？

若是已经开张的餐厅，当然是让他一面从事店内的工作，一边进行录影带教学，而且是一对一的教学。

若是即将开业的餐厅，就把他安排在开店的计划小组里面，让他做开店前的准备，这就是教育了。

开店前七到八个月，要将其广泛安排在各组中。

比如理发的构思、店铺设计、菜单战略、进货路线的开发、厨房配置以及店铺经营的设计等。

若是开业前五个月左右，就要决定个人负责的工作，并决定责任的归属范围，甚至还有一些深入探讨的课题。

在这里要特别注意的是，若开业时间已经决定的话，就要提出配合的计划表，并且实地监督。

要针对下列事项做检验：

(1)表列的工作是否顺利进行？

(2)是否掌握了购买商品材料的特异性？

(3)是否比其他店更有“价值感”？

(4)装盘的商品是否加入了自己独创的好主意？

(5)检验时要从竞争力、给客人的感动、素材的安定性等角度来观察。

当然，口味的决定权在于顶头上司，经理人。

但是其中所试做的，每次都要请开发的成员试吃。

试吃的心情，希望不要只吃一口就下判断，最好能连续吃三四口后再下评语。

客人不会只吃一口就不吃的。一般都是在全部吃完后才综合判断好吃或难吃,味道特别还是一般。

所以,试吃的时候,请务必站在顾客的立场想一想。

接着,是实际的技术指导。

一定要让雇用的厨师熟悉所有创造食物的基础常识与技巧。

例如,清洗蔬菜要用双手,泡水不要超过20分钟以上。

若泡水时间过久,蔬菜的纤维就会被水浸透,丧失美味。

制作生菜沙拉时,有些餐厅将蔬菜泡水一个小时,以增加重量,这样就无法调制出爽口的生菜沙拉。

教育课程的安排实例:

(1)调理教育

调理技术(调味、装盘)、商品开发。

(2)素材教育

原始材料的开发、采卖、加工技术、流通成本控制。

(3)店铺开发教育

地点、设计(厨房)、理念的开发。

(4)服务教育

服务台、人事雇佣、餐桌服务。

(5)成本管理教育

损益计算(销售额、人事费、管理费等等)。

在调理教育中,要开发出具有独创性、个性的商品。

一天能卖到20份到100份的商品,要在一年内从两种开发到十种。

独创性的商品,最好是靠自己构思出来的才好。

而开发的秘诀,就是要经常到流行的餐厅去发掘商品热卖的真正理由。

前面也提到了,只要发掘真正的理由即可,不要做表面的模仿。

若只是商品的模仿,也就丧失了自己餐厅的特征。

因为到自己店里来的顾客,他们一定想知道该店是否和其他店有微妙的差别。

所以,如果你一味地模仿,就忽视了顾客的感受,店里的商品也变得和其他店一样，成为没有盛情的商品。

你要多方地考虑自己餐厅的顾客层、动机、价格范围、文化性以及居住性质。

想想顾客愉悦的模样，以此作为烹调及商品开发的参考。

另外，装盛方式也一定要将本店的理念表现出来，让客人“大吃一惊”！

素材教育因为涉及采购，就要到原产地去。

但是，绝不能让他们跟批发商或商社一起去。

所以，就要独自一人去找原产地、加工场地及出货者。

探索这个采购路径时，要有足够充分的消息。

可以去请教当地的大学、研究所、报社以及朋友等。

也可以去了解在最靠近原产地的地方工作的人。

记得有一点，一定要亲自品尝一下那边的味道。

68. 制定厨师能力开发的教育课程

先前曾提过，不要聘请在其他餐厅学过的厨师，而要雇用从餐饮学校毕业的新手，在自己的餐厅内加以栽培。

但是，也不能将所有的事都交给“新手”厨师去做。

所以，做菜的道理，不，严格地说，是畅销的道理，店主就要懂得如何传达给厨师知道。

店主即使不懂做菜的技术，也必须要具备“品尝”的能力。而且，还要经常去体味一下时代的味道。

就算你懂得酱油、味精的味道，但却对奶油的世界一无所知的话，那么，你就无法判断“新手”厨师做菜的好坏了。

你要相信，新手厨师有新手厨师的好处，但为了引发他的潜能，你就要培养店主的专业知识以及味觉的判断力。

年轻的新手厨师有时候很坚定，有时则会动摇，必然不稳定。这是因为对未来的不安所致。

当然，这不仅仅限于新手厨师而已，很多人都会有这种心态。

但若特别学会了某种专业技能，就可以看出和一般工作者不同的地方。

选择适当厨师，是希望“能独立开一家属于自己的店”。

所以，经过十年、十五年之后的厨师，最常想的，就是“独立”。

但是，要拥有一家自己的店，做梦是很简单的，然而在现实生活中，却要通过好几道关卡才行。

资金、进货渠道、店铺、地点的选择都是问题。

要设立一家餐厅，就必须得到很多人的协助才行。

若得不到，就会困难重重，这是厨师本人也知道的。

为了避免这一问题的发生，就应该制定考虑到年龄及经验的未来对策，以设计能力开发教育的课程。

这是为了应付厨师将来的体力、智力都衰退时所做的预备工作。

这样可以使他具有经理人的能力，或是应付多店铺化的对策，来进行店长的教育。

因此，服务、带场经验、成本管理经验的培养等管理阶层的教育，都要在他们四十岁前完成。

到了四十岁之后，就要有将一家餐厅交给他管理的计划。

这样做的话，可以继续开发他的能力。让他停止一些自以为是的想法，而导向完全以顾客为尊的经营理念。

当然，不是让每个厨师都如此，而是选择有能力担当的人。

这样做，也可以使厨师与厨师之间有良性的竞争。

人类的能力是越竞争越强。

为了不失去挑战意识，挑战目标的拓展就成了重要的课题。

69. 让培训中的厨师“用心”“尽力”

所谓成长厨师，是指培训中的厨师，也是走上调理厨师之路两到三年的人。

由于他们每天都被忙碌的工作追着跑，所以连碰一下书本的时间都没有。

因此，在餐厅的厨房里，虽然只有两、三年的时间，但多少会感到不安，怕自己一生都要葬送在这里。

但是，今日家庭式餐厅的厨房主任，几乎都是进入该企业进行基本教育，然后再分配到店里一步步来的。

这样要经过两到三年的磨炼。

当然，在这段时间就必须拼命地工作，拼命地去学做菜。

有一个成长厨师，拼命地工作，不断地进行新商品的开发。

结果他开发了“蟹肉牛排”“科罗拉多牛排”等菜式，非常热卖。

为了开发这类菜色，他虽会接受各方的协助，但他从来不去模仿别家的商品。

每种他开发的商品，都可以用“令人惊喜万分”这句话来形容。

像“科罗拉多牛排”选用的牛肉，是经过二十天成熟程序的小牛。

他每次都亲自骑马去牧场，一起决定切割法、温度、色泽筹。

他彻底地向顾客传达了能让顾客“惊喜”的“用心”，而且也没忘了在材料方面“用眼”以确保商品的品质。

唯有他这种年轻的成长厨师，才是今后餐厅生意兴隆的基础。

如果厨师不能从厨房和书架的狭小世界中迈出来，那么，他就无法开创出生意兴隆的局面。

70. 厨师应善于发挥自己的想象力

成长厨师，凭借“实力的增加”，不再绕远路，而能凭借一己之力发挥想象。

如果自行想象深获好评的话，就要去了解获得好评的核心原因。

如果不深入核心，而只是在表面上做修饰的话，下次定会招致失败。

某家餐厅最畅销的商品，就是贝类生鱼片这道佳肴。

这是用大型卷贝做成的菜肴，通常将贝肉切成薄片做成生鱼片之后，再沾辣根酱油来食用。

大约三年前，这道菜还是滞销品，一天仅能卖两到三份。

过去，利用这种贝类的菜式，通常是油炸或是做成牛排。

但是，现在诞生的贝肉生鱼片将芥末部分稍作改变，将其换成辣根，这种吃法果然大受欢迎。

这样，从前的滞销产品一跃成为畅销排名的第一佳肴。

从那时起，这家餐厅的经营，就是以美国风味来表现“真心让客人欢迎的口味”，打出漂亮的第一棒。

结果，“活渔扇贝柱”“酒味酱汁糍”“铁板鲍鱼”“牛臀排骨”“丁骨牛排”等热

唯高博士餐饮文化理念

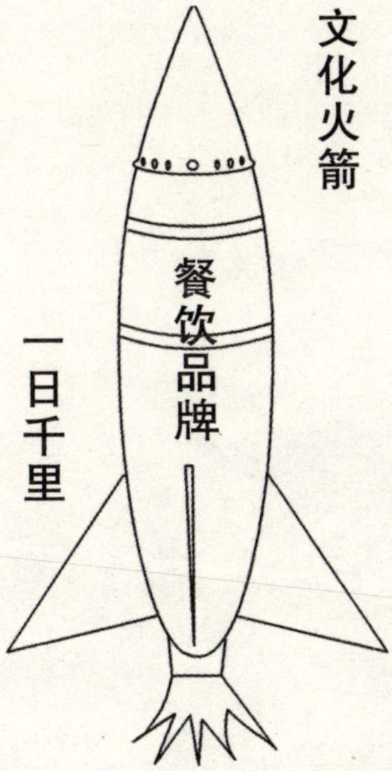

唯高博士语录：

推动和发展餐饮文化就是餐饮品牌生命力的延续。

唯高博士餐饮文化理念

百年老店

承载的是丰厚的底蕴文化

唯高博士语录：

文化提升是餐饮企业做强做大的根本保证。

门产品一一出现了。

若能切实掌握到客人喜好的重点，商品就能受到继续的爱顾，若再加上特有的诚实服务，那就会如虎添翼，将会有络绎不绝的外地人也赶来捧场！

贝肉生鱼片的发掘并迈向成功之道的关键，是不论哪家餐厅都能做出来的。

但是，其中最重要的还是需要一位谦虚的开发者！

71. 贤明的经营者会从“经营”的角度来看商品，成熟的厨师则会以“经营”为出发点来创造商品

今后餐厅的经营，如果只是贪图近利的想法，就绝对行不通。

聪明的店宅，会从经营的角度来看商品或厨师。

厨师也必须以“经营”的眼光来创造商品，不然，就无法携手同心，共创未来。

此外，若无国际观的视野，也会被时代的潮流所淹没。

只要在原地不动，就代表退步。

只有想变成成熟厨师的人，才需要在这个时代中，为了成为优秀的厨师，而去学习领导统驭的能力。

获得顾客支持的餐厅，就是能掌握时代脉动的餐厅。

而这样的餐厅，就自然会有客人聚集。

在今后的服务业中，将资讯“从口中送入”的餐厅是较易引人注目的。

从眼睛、耳朵看到或听到的资讯若太多，导致客人本身的消化不良，连带也会使进入胃中的资讯因未能及时消化而产生不了什么效果甚至产生负效应。

基于此，从口中吃进去的资讯，用起来就较为得心应手了。

比起从大众传播所得到的资讯，由自己吃过而获得的情报，更容易传到别人的耳中。

这是因为对“体验”那难以感动的信赖感发生了作用之故。

我想，今后的顾客所期待的是非连锁性的餐厅。

因为与其得到味道、价钱的安全感，倒不如带一颗冒险的心去餐厅用餐。

借由各人的冒险心而得到信赖的餐厅，一定会生意兴隆的。

所以，与其以连锁餐厅为志向，倒不如以生意兴隆的餐厅为志向。

如果无法精心设计出一道佳肴，就无法扎根于当今的社会中，也就没有成长

的空间和条件了。

而成熟的厨师，就应该切实认清这个时代的需求，并捷足先登，赶上时代的潮流。

餐厅成功的最大关键在于“人”。

店里是否设置了成熟的厨师以及成熟的店长，就是餐厅能否经营成功的秘诀。如此断定是不会有什么差错的。

此外，在开发试验的过程中，还要找出热卖的商品，并且细心指导在厨房工作的新进厨师或兼职人员和工读生，让他们听懂你的指示。

自己所研发出来的知识，也要切实地传达给服务生。

如果服务生和自己站在同一条阵线上，那么，“热卖”的商品就能成为“销售良好”的商品而被客人所接受。

我们要了解，不管什么人，如果没有他人的帮助，都会寸步难行。

软件篇

若想经营一家赚钱的餐馆，仅靠“硬件”方面的优越性是远远不够的，还必须在“软件”上多下些工夫。

所谓“软件”，就是通常所说的“看不见的部分”。

这些“看不见的部分”尽管无法观察到，却是能够感觉出来的，而感觉的好坏又决定了客人满意与否，是客人去留的关键性因素。因此，要给客人一个好感觉。

一、让"头回客"变成"回头客"8则

初次到一家餐馆去就餐的人,通常被人们称做"头回客"。

餐馆要想生意兴旺,财源茂盛,就必须把那些"头回客"不断地变为"回头客",想方设法"拴"住他们,让他们常来常往,为餐馆带来稳定的客源和财源。

无论是中、高档餐馆,还是小餐馆,"回头客"才是它们的主角。

这是因为,既然能够成为某家餐馆的"回头客",就说明该顾客对这家餐馆的饭菜特色和服务质量相当满意。因此,他以后还会经常地到那里去就餐。

"回头客"的这种相对稳定性是餐馆赚钱的必备基础。

如果仅仅依靠"头回客"的光顾,其数量并不太多,所以也就很难为餐馆创造稳定的财源。

正因如此,所以各类餐馆都在绞尽脑汁,想方设法把"头回客"变成"回头客"。

当然,做到这一点并非易事,但也并非毫无方法可寻。

在本节中,将为你介绍变"头回客"为"回头客"的一些技巧。

72. "回头客"是餐馆的主角

餐饮业作为服务业的一种,有其自身的特点,而这些特点与其他行业有着明显的不同。

作为一家餐馆的老板,必须对餐饮业的特点有一个清楚而深刻的认识。能否做到此点,关系到餐馆营业额的大小。

餐饮业不同于其他行业的一个最主要之处,就是在空间上具有固定性,而这一性质又决定了餐馆的发展只能依靠"回头客"来维持。

由此可见,"回头客"是各类饭店里的主角。

如果说制造业的生产和销售、产地和销地是可以分离的,那么,餐饮业的生产和销售、产地和销地则是不可分离的。

餐饮业在空间意义上的发展比起制造业来说要麻烦得多。

假如上海的餐馆要开到香港去，这比上海的食品卖到香港困难。

因为后者只是商品的转移，而前者涉及资金、人力、技术、管理乃至无形资产的转移等各方面因素。

餐饮业的空间转移或发展的难度比较大，这就限制了餐饮业发展新顾客的能力。

因而在资源或能力有限的条件下，你作为餐厅老板，应当把餐厅的重点放在原有市场的空间延拓上。

也就是说要拉住你的客人，培养忠实于你的餐馆的顾客，使你的"头回客"变成"回头客"。

美国两位经济学者雷切海德和赛士尔在《哈佛商评》的一篇文章里指出："对一家企业最忠实的顾客，也就是给这家企业带来最多利润的顾客。"

73. 厚待"回头客"，更要善待"头回客"

"头回客"与"回头客"虽然一字不差，仅仅是颠倒了个顺序，但两者却有着本质的区别。

消费者之于商家，既有可能是"头回客"，也有可能是"回头客"。

对于绝大多数商家来说，"回头客"往往要比"头回客"多，尤其是由于地理位置等方面的原因。一些"头回客"要多次充当"回头客"，甚至变成常来常往的"常客"。

可以说，一家餐厅就是靠无数的"回头客"支撑起来的。

因此，你要想占领市场，必须招徕"回头客"。

然而，"回头客"又都是以"头回客"开始的，没有"头回客"，也就等于没有"回头客"。

"回头客"一定是"头回客"，但"头回客"不一定能成为"回头客"。

因此，你要想占领市场，必须招徕"头回客"。

实际上，精明的老板都会善待"头回客"的。

因为他们深知，只有善待"头回客"，"头回客"有了良好的第一印象，才有可能变成"回头客"，而"回头客"多了，生意也就做活了。

相反，有些餐馆、饭店之所以失去大批"回头客"，不是因为没有厚待"回头客"，而是因为未能善待"头回客"，而使"头回客"永远停留在"头回客"上。

让“头回客”成为“回头客”是老板们的共同追求。

只有越来越多的“头回客”成为“回头客”，生意才会越做越兴隆。

而客源的总量是有限的，要争夺客源，商家就得各显神通。

74. 利用超常规服务满足客人需求

对每一家酒店、饭店来说，标准化服务是不可少的，因为它能满足客人的普通需求。

但是，客人的需求千变万化，所以，要招徕“回头客”，使客人再次光顾，还需要通过超常规服务。

陈先生是香港人，他来北京做生意常住西苑饭店。

每逢他住店，服务员除了以最亲切的微笑和最诚挚的态度接待他外，还不忘在值班记录上写一行字：陈先生到店，老规矩。

什么是老规矩？

简言之，方便面和100度开水。

陈先生患有严重胃病，山珍海味、西餐大菜，他都不能吃。

他只能吃方便面，而且还必须烂透，只有从炉上刚取下的开水才符合他的要求。

陈先生第一次住西苑饭店时，服务小姐送来热水给他泡面，面泡不烂．他提出重换一瓶开水。

第二天，热水送来以后，一泡试试还是不行。

陈先生觉得两次麻烦别人，不好意思，便说可以了。

但陈先生的表情，服务小姐却看在眼里、记在心上。

她灵机一动，让陈先生把饭盒交给她，直接拿到炉边用还在沸腾的水冲泡。

后来，服务小姐又发现，陈先生对方便面的牌子也有特别要求，非“康师傅”不行，其他牌子不吃。

有次饭店里却偏偏没有“康师傅”，然后服务员便骑上车到街上去买。

就这样，陈先生的特殊习惯成了西苑饭店客房部员工服务的“老规矩”，陈先生也成了西苑饭店的“回头客”。

什么使得陈先生由原来的“头回客”变成“回头客”呢？

是西苑饭店向陈先生提供的超常服务。是这种具有灵活性和创造性的服务把陈先生培养成西苑饭店的“忠实顾客”。

75. 市场就在方便之中

或许方便在你看来，是一件小事，无足轻重，但市场恰恰在“方便”之中。

现举两例作证，以说明“方便”是一个巨大的市场。

恒祥餐馆是一家位于北京西城区西四的一家小餐馆。餐馆的坐落地是政府机关集中的地方。

每天中午时分，这家餐馆生意兴隆，尤其成了女性午休的好去处。

原来，餐馆老板正是抓住现代在机关工作的女性的心理特点，为女性提供方便就餐的幽雅环境，因而赢得了女性的青睐。

据统计，在机关工作的女性午休的主要方式不是小憩，而是会友谈心。

午休时分，办公室的沙发被男士占领小憩时，女性则招呼朋友、同事进餐厅休息。

尽管她们午休时的消费不是很高，但都是经常性的。

如果能使她们经常来餐馆就餐休息，那也就给餐馆提供了稳定的客源；

恒祥餐馆的老板正是抓住了女性午休的这一特点，而为他们提供方便的服务，从而扩大了营业额。

而老同学餐馆则为学生的方便着想。

他们抓住了学生们求方便的心理扩大了营业额。

暑假期间，某大学校园研究生宿舍前，出现了订饭业务。只要同学们提早订餐，饭菜就会准时被送上门。订餐的花费与同学们去食堂的时间花费差不太多。

结果，这家餐厅的营业额大增，这就是老同学餐馆。

老同学餐馆之所以能获得成功，就在于他的老板抓住了学生暑假用餐方便、省事的心理特征。

原来，暑期中，学校只开一家东区餐厅，这对住西区的学生来说，就餐无疑成了一个苦差事。如果有人在西区卖饭，就不用顶着炎阳为三餐的事奔波了，果然，老同学餐馆解决了学生们的心里之忧。

这两个例子充分证明，作为一家餐馆的老板，只要你能抓住“方便”，那么你的业绩便会不断提高。

这实际上涉及开拓客源的问题。

76. 人们都喜欢与熟悉的人交往

我们知道，人们都喜欢与自己熟悉的人、熟悉的环境打交道，对陌生的人和环境有一种天然的疑虑。

这样，作为一家小餐馆的老板，就要设法使你被别人所熟悉，使你的餐馆被人熟悉才好。

北京海淀区有一家小餐馆，每天供应五、六种菜，人们在这儿可以吃一顿简单的、亲切的便饭。

所以该店经常高朋满座，上班族、学生等都喜欢在这儿用餐。

这是一家由一对夫妻共同经营的餐馆，深受附近居民的欢迎。

有一位学生说："这儿花费不多，而且是与伙伴交流思想的好去处。"

可以说，这家小餐厅是由附近的居民们"养"着的。

小餐厅一定要以邻居开始，逐步开拓客人，因为小餐厅不会有远方客人来光顾。

小餐厅的从业人员要记得每一位客人的名字和口味，最好连兴趣、嗜好等都能如数家珍。

小餐厅不是食品店，因而一定要刻意塑造良好气氛，与客人建立感情，尤其不要让任何就餐者有什么不满。

据心理学家的统计，一个人如果不顺心，感到不满，他会将之告诉 10 个人。

试想，这会对一家以邻人为经营对象的小餐馆造成多大的影响。

小餐馆要与客人建立感情，就一定要与社区打成一片，使之成为整个社区的一部分。

这样就要求餐馆从业人员除了与邻居来往外，日用品不妨也在附近商店购买，居民大会等活动也要尽量参加。

对小餐厅来说，远亲不如近邻，与邻居搞好关系十分重要。

其实小餐馆与邻人搞好关系是有一定的优势的，那就是与邻人"方便"。

邻人来此就餐方便，而且餐馆也要想方设法为邻人提供"方便"。这样，小餐馆的业绩一定不会差。

这样，回头客便会越来越多。

77. 怎样提供方便

小餐馆可以采取一些方法给客人提供方便的服务。

如服务员不要等客人叫才开白酒,不要等客人要才递上餐巾纸,应提前做到这些,让客人有宾至如归的感受。

否则,客人就会感到自己不受重视,有时也会觉得不方便。

要给客人以方便,为客人在席间递上小毛巾是很重要的。

北京的气候干燥,风沙又大,适时递上小毛巾,会让客人感到心里舒坦。

夏天时,给来就餐的客人递上清凉的小毛巾,冬天给客人递上热腾腾的小毛巾,让人心神俱爽,食欲大开。

这条小毛巾一下子使客人与餐厅靠近了许多。

享受惯了这种服务的客人,一旦失去这种服务,便会觉得不方便。

所以,别看是一条小毛巾,它可以帮忙拉住客人的心。

用小毛巾不用大毛巾,是因为小毛巾的成本低,而大毛巾成本高。

如果大毛巾不是一次性使用,又会让客人对餐厅的饭菜担忧,心想,一条毛巾上都如此小气,那么饭菜……

所以,用小毛巾不仅可以令客人感到餐厅的服务诚意,而且可以清除种种顾虑,使小毛巾发挥最大价值。

别小看这小毛巾,它方便了客人,也扩大了餐馆的营业额。

现代餐厅,既是就餐的场所,又是放松身心的场所。

对许多人来说,随心所欲地吞云吐雾一番,是放松的一种好方式。

无论是等到上菜时还是进餐完毕时,都是抽烟的好时刻。

所以,餐厅要兼卖香烟,卖香烟有10%～20%的利润。

餐厅生意越好,客人等待的时间越长,卖香烟既可赚钱,也不失为加强服务的一种做法,真是一举两得。

餐厅还可卖一些别的东西,可以在客人付款的柜台卖一些小东西。

不要小看这些小东西,有时候业绩也相当不俗。

开餐馆是为了赚钱,因而,在顾客打开钱包的时候,不要让钱包很快地关闭起来,应设法使顾客顺便多掏一些小钱出来,所谓"积少成多"嘛。

所以,在客人付账的柜台,可以兼卖一些小东西,如口香糖、晚报等。

不要小看这些钱,没准会计员的薪水就可由此赚得。

78. 把客人“拴”住

有客人即有市场，有市场就有钱可赚。

因此，善于经营的老板总是想方设法地笼住自己的客人，使他由“头回客”变成“回头客”，再变成“常客”。

当然，将客人“拴”住、不让他跑掉的最基本做法是拿出你的优质服务来。

优质服务，既要在服务态度上热情周到，又要在饮食的质和量上让客人满意。

很难想象生硬冷淡的服务态度，短斤少两、以次充好的宰客作风会拉住你的客人。

小张的工作单位因地处偏僻，附近只有一家餐馆“川菜馆”。因“只此一家，另无别店”，所以每当有朋友走访，小张便在这家馆子招待朋友。

但是，在一次不愉快的事件发生后，小张便对这家菜馆避而远之了。

事情是这样的：

一次，小张和朋友们在这家餐馆吃饭，其中点了一盘五香花生米。但在就餐过程中，渐渐品出了花生米的味道有点不对头，有馊味，细观其色，花生米中明显有两种颜色，很显然，一些是新的，一些是陈的，变了质的。

因为在夏季，两种花生米的颜色差异十分明显。

不得已而为之，他们请老板亲自鉴别。最后，服务员还是给另换了一盘。

虽然结果是令人满意的，但这却给小张和朋友们造成了一种不信任感。

原本这家餐馆应该“拴”住小张，使其成为常客的，但这家餐馆的老板太精明，精明过了头。

几颗变质花生米的后果便是失去了包括小张在内的一大帮顾客。

所以，“拴”住客人最重要的作法还是要为客人提供最优质的服务。然后，在此基础上，再采取一些营销策略，方为上策。

79. 从不起眼的小事做起

国外大酒店采用喝不完的酒挂牌存放的做法便是一个营销高招。其目的是吸引客人再次光顾。

现在国内有些高档星级酒店已陆续仿效。

上海的兰生大酒店为了招徕新客人和吸引回头客，特地添置了一个硕大的藏酒橱，每当客人酒喝不完时，服务人员便在酒瓶上挂一块写有客人名字的小牌，以示为之存放。

经实践证明，代客存酒服务至少收到两个效果：

(1)客人喝不完的名酒，丢之可惜，拿之又显寒酸，不如存放在餐厅内。

而挂上牌子的那瓶酒仿佛是一块诱饵，最终又会吸引客人前来消费。

(2)这样做可以满足客人企望获得尊重的心理需求。

带着朋友在藏酒橱前走一走，看到橱中其中的一瓶酒赫然挂着自己的名字，这是何等的荣耀！

无独有偶。

台湾中部有家咖啡店，其招徕"回头客"之术更是令人叫绝。

为了稳住自己的常客，该店不惜为每位常客设置专用杯。其杯上还为常客画上一肖像漫画，顾客来喝啡时，捧起"自己的杯子"倍感亲切、惬意而且放心。

因此，众多的回头客使这家咖啡店的生意越做越旺。

设置专用杯，以此"拴"住客人是咖啡店的营销手段。

但是，餐厅、饭店的老板不妨也试一试此招，为常客设置一专用酒杯，你的生意会因此红火起来的。

二、了解顾客消费心理15则

人饥则求食，渴则求饮，乏则求息，生理需求是人的基本需求，吃、喝是人类生存的第一要项。

然而，人们的饮食消费具有其他消费所不具备的特点。

首先，饮食消费都具有明显的动机，具有随意性和冲动性。

人们对于餐饮的需要，使之产生对饮食服务消费的动机，动机又驱使人们去实现消费，产生消费行为。而消费后的良好感受，则促使人们周期性地重复消费。

餐饮经营消费者必须先对人们的消费动机有深刻了解。这是成功地为各种各样的人提供服务的基础条件。

人们又可分为多种不同的消费类型，这些类型和消费的动机有着十分密切的关系，也是需要区分的重要内容。

另外，对于餐厅来说，顾客饮食消费的全过程，包括服务前、服务中、服务后等几个阶段。在这几个阶段中，餐厅的整体服务质量（服务场所、服务设施、服务的态度与方法、菜品质量等）会对人们的消费有着重要的影响，能引起人们不同的心理感受。

可以说，顾客的消费过程就是他的消费意识和需求满足的过程。但“羊羹虽美，众口却难调！”

由于民族习惯、经济条件、职业、爱好、性格以及饮食习惯、兴趣等方面的差异，所以顾客的消费意识与需求也不尽相同。

综合上面所述，就要求餐厅经营者要深入研究顾客心理，掌握巧调众口的技艺，不断提高服务水平和服务质量。

80. 饮食消费的五大特点

人饥则求食，渴则求饮，乏则求息，生理需求是人的第一需求。

吃、喝则是人生存的第一要项。

当宾客有饥渴之感时，就要进行饮食消费，但饮食消费具有其他消费所不具备的独特特点。

作为餐厅的经营者；你只有掌握这些特点，明了其中所寓含的道理，你的经营才更有针对性，更具理性化和科学化。

一般来讲，饮食消费具有以下特点：

(1)明确的目的性

饥则求食，人们饮食消费的目的非常明确直接。

一般来说消费的随机性和冲动性较大。求食是为了解饥。

当人有了就餐要求时，就会寻找、选择服务场所实现自己的消费目的。

消费动机的始发机能促使人产生饮食消费行为；消费动机的选择机能使人寻找消费场所，并通过多种比较和心理感受，朝着特定的目标去实现个人的消费。

饮食消费的结果越满意，重复消费、再次光顾的可能性越大。

(2)消费的直接性

饮食消费必须由消费者本人亲自食用消化，不能像购买其他商品一样可以由人代替进行。

而餐厅服务人员必须在与顾客的直接接触中，出售其劳务及劳务产品(饮食制品)，实现顾客的消费目的。

顾客的消费过程与餐厅的服务过程是同时进行的，顾客在接受服务之前，对服务质量的好坏是感受不到的。

因此，餐厅只有不断地提高服务质量，才能强化顾客的消费动机，赢得顾客。

而服务质量的高低取决于两个方面：

一是现实劳务服务，包括服务态度等，二是餐厅提供的菜品质量。

一家餐厅只有从这两个方面提高自己，才能赢得顾客。

如果没有顾客，失去了服务对象，那么你只有关门。

(3)消费的及时性

饮食消费具有时间性,顾客除要求提供满意的菜点、饮料和服务环境外,还要求及时、准时和省时。

否则,即使有再可口的饭菜,若要顾客等待很长时间,而且上菜的间隔也很长的话,顾客根本不会满意。

因此,接待服务工作要及时,讲究信用地为顾客服务,要在时间上满足人们服务消费的需要。

(4)消费的综合性

饮食消费与人们的生活息息相关,任何人都离不开饮食需要。

同时,人们既有对菜点、饮料等物质的需要,又有精神上的需求。

那种只求吃饱的消费观念已经发生变化。人们进餐厅讲究的不仅仅是吃饭。

因此,可以说饮食消费体现了综合性的特点。

而且,随着社会的进步,这种综合性的特点越来越明显。

有的客人进餐厅除吃饭外,追求的还有一种新奇。

日本有一家饭馆的生意不太景气,后来老板在策划专家的帮助下,把餐厅加以改造,设计得跟个大酒桶似的。

这个酒桶分几层,人们从桶底进,可以在里面开怀痛饮,还可以打开桶壁窗观看外界风景。

从远处看去,这个酒桶饭店相当醒目,吸引了许多人前来畅饮。

因为喜欢喝酒的人从没尝过“泡”在酒桶里喝酒是什么滋味,许多人是怀着极大的好奇心而来。

由于酒桶饭店外型独特,经营手法新颖,所以使此家老板获利甚丰。

而泉州的新闻早茶、广州的信息餐厅、美国的书报餐馆的出现,则说明顾客有着对信息的需求。

北京知青饭店的兴旺则说明顾客有怀旧的心理需求。

因此,餐厅要向顾客提供综合服务,才能满足现代社会消费多元性的需要,才能更受顾客的欢迎。

(5)消费的重复性

饮食消费是人类不可缺少的,饭顿顿要吃,觉天天要睡。

当人们离开自己的居住地时,就要寻找食宿的场所,或出于品尝、宴请的需要去实现自己的消费。

饮食消费往往体现周期性、重复性等特点。

那么，就需要餐厅经营者充分利用人的动机化机能，给顾客一个良好的消费结果和满意的心理感受。

只有这样，他们的消费行为才会周期地、重复地出现。

消费的重复性决定着“回头客”“忠实顾客”存在的可能性。

而这种可能性能否变成现实性，既取决你所提供的服务质量，又同时决定着你的事业前途。

总之，饮食消费的这几个特点包含着一个非常浅显的道理。

饮食消费的目的性、直接性、及时性和重复性多是取决于人的生理需求。

而饮食消费的综合性则取决于人的心理需求。

一家餐厅只有同时满足这两个需求，才算完成一个完整的服务过程。

而顾客只有获得两方面的满足，才算进行了一次完整的消费。

只有这种完整意义上的消费，才能使顾客得到身心上的消费享受。

81. 传统性消费动机

每个人都生活在现实社会中，消费动机和消费行为都会受到社会文化、社会风俗、社会阶层和社会群体的影响。

由于人们的种族、地域、职业和所继承的历史、文化、风俗习惯、道德伦理、审美观点等不同而引起的心理动机，就叫做传统性消费动机。

它包括种(民)族心理动机、地域心理动机、职业心理动机等。

由于人们的社会地位、民族、地域、风俗习惯、职业的不同，对饮食制品的需求就不完全相同。

这就要求接待服务工作要针对人们不同的需求和不同的心理特征，设立不同档次的菜点和服务项目，采用不同的接待服务方法和礼节礼仪。

这不仅要求服务人员掌握服务心理学的知识，使服务接待工作有针对性，同时也需要掌握美学知识、历史知识、语言知识、礼宾风俗、外语知识等。

只有使服务质量不断提高，才能树立起商家良好的信誉，从而激发顾客的情感动机和惠顾动机。

综上所述，从人们的消费需要出发，使之产生消费动机，这是使顾客进行消费行为的关键一步。

而由于顾客的身份、地位、个性、心理特征的不同，又形成了消费动机的相异性。

所以，精明的经营者要善于对人们的消费动机做出分析，并善于引导，使人们的消费动机发展为消费行为。

82. 便利型消费者

便利型是以注重服务场所和服务方式为主要目的的消费类型。

这类顾客希望在接受服务时能方便、迅速，并讲求一定的质量。

这种类型的顾客，大都时间观念强，具有时间的紧迫感，最怕的是排队、等候或服务人员的漫不经心、不讲效率。

因此，在餐饮经营中，要处处方便顾客，提供便利、快捷、讲究质量的服务。

这就要在网点设置、服务方式上很好地运用便利顾客的原则。

如：餐厅经营中设便餐、快餐以及带料加工、回勺加热或设立外送、外做和其他一些服务项目。

浙江杭州楼外楼、杭州酒家、太子楼、南方大酒家四家有名的菜馆为方便顾客，先后推出了“钟点厨师”服务项目。

餐厅本是顾客前来吃饭的地方，现在厨师却可登门为顾客烧菜。四家菜馆都公布了预约电话，让顾客点菜预约上门服务。

“钟点厨师”自备原料，按照顾客要求的时间，上门进行烹饪操作，大约一小时，10 道特色菜肴便可端上餐桌。

“钟点厨师”服务费用一般在 20～50 元之间。

这种服务对顾客来说十分方便，颇受消费者欢迎，生意十分兴隆。

83. 求廉型消费者

求廉型消费者是以注重饮食消费价格低廉为主要目的的消费类型。

这种类型的顾客都具有“精打细算”的节俭心理或是经济收入较低的人。

这种人非常注重饮食制品和服务收费的价格，而对质量不十分苛求。

这就要求餐饮业的服务档次配套、合理，以中、低档的服务项目去满足求廉型顾客的需要。

如：在餐厅经营中，既要有几十元、上百元的高档菜，又要有十几元的中档菜，还要有几元的低档菜，这样才能满足人们对不同档次、价格的需要。

如今北京的“主食厨房”十分红火。那里有上百种粮食制品出售。其中馒头、切面、大饼、面包等都是现制现卖，新鲜、卫生。

“主食厨房”又称“社会大厨房”，其宗旨是利民，为工薪阶层服务，因而深受广大普通市民的欢迎。

84. 求新型消费者

求新型消费者是以注重商品或服务的新奇、刺激为主要目的的消费类型。

这种类型的顾客以青年人为主。

他们为了追求服务的新颖、别致、刺激而不过分计较价格的高低。

餐厅菜点的新品种、餐厅服务的标新立异等都对这类消费者具有莫大的吸引力。

所以，有不少餐厅老板殚精竭虑，挖空心思去制造新奇，以招徕顾客。

智利首都圣地亚哥市有一家十分特殊的餐厅。

餐厅里除了收款员和厨师外，其余的“服务员”都是一些训练有素的动物。

这些动物大部分都较温顺、聪明，经过主人一段时间的精心训练后，就成为能够独当一面的“服务员”。

当顾客走进餐厅的大门，旁边站立的两只鹦鹉立即热情地用英语、法语或西班牙语向顾客打招呼、问好。

接着，一只身穿衣服的金毛猴很有礼貌地上前将客人脱下的衣帽挂在存衣室里。

待顾客在餐桌前坐好后，一只性情温和的长耳犬嘴叼着菜单马上前来请顾客点菜。

几分钟后，两只身材高大、腰系围裙的长毛猴态度庄重地把食物和饮料端上来。

等到顾客用完餐后，金毛猴会将衣帽取来还给顾客，并在手中端一只取钱的盘子，索取用餐费用。

这个动物餐厅吸引了众多消费者前来就餐消费。

无独有偶，泰国华富里市的一家酒店也以动物制奇而发了财。

这家酒店的老板听到一则消息说，泰国市郊寺庙聚居的几百只猴子引来大量的游人光顾游览。

听到这则消息后，这位老板突发奇想，想出了一个招徕客人的怪招：为猴子设宴。

大宴群猴的这一天，游人可以进店观赏，并可得到免费的饮料和点心。

结果是：上千名游人拥进店里观赏猴宴，客房的出租率猛增，该店的名声也随之大振。现在，该酒店举行的猴宴已成一景，游人观赏必须提前预订房间。

虽然每年举行猴宴要花去一大笔钱，但赚回来的钱则是十几倍于此。

85. 从众心理主导人类饮食消费的方向

人往往有从众心理，即一个人因受别人影响而按照别人的行为方式去行动。

心理学家温卡特桑对消费者行为中的从众性和依赖性进行过实验研究。

他的受试者密乃省特大学经营管理系的 144 名学生。

有 A、B、C 三套不同质量的男用西服，要求学生们就式样、色彩和尺寸等进行综合考虑，从中把一套认为最好的服装挑出来。

实验是在三种条件下进行的：

(1)是控制条件；

(2)是从众条件；

(3)是对抗或诱导条件。

控制条件是让个人在没有集体影响的情况下任意挑选。其余的两种试验条件下，个人都处于小集体之中。

这个小集体只有四人，其中三人是协助实验的工作人员，他们名义上也是受试者，而真正的受试者只有一人，而他并不了解这些安排，以为自己和别人一样。

在从众的条件下，名义的受试者事先由实验者指定，一致选 B 为最好的服装。在宣布各自的评选结果时，先由名义受试者依次发言，都说明 B 是最好的服装。

实验结果表明，在从众条件下，受试者选择 B 为最好服装的比率最高。

米尔格雷姆等人也曾在纽约市的一条繁华大街上对过路行人做过一个

实验。

其实验情景是，人数不等的工作人员站在路旁，朝着马路对面的一个办公楼的六层窗瞭望。实验者分别记录了行人停步瞭望那个窗口的百分比。

结果发现：瞭望的人数是 1 人时，从众的行人只有 4%；

瞭望的人数是 5 人时，从众的行人增至 16%；

人数为 10 人时，从众的行人就达到了 22%。

两个实验表明人的从众心理影响着人的行为。

在现实的商业活动中有不少商家都很善于利用人们的这种心理。

不少餐厅把先来就餐的顾客安排在餐厅的窗前，其目的是想给顾客造成本餐厅生意兴隆的印象，以吸引寻找场所的就餐者。

86. 个人因素对顾客消费的影响

消费者个人因素包括：支付能力及个人对服务消费的认识、情感等方面。

支付能力也叫购买力，是指在一定的时期内，消费者用于购买商品或接受服务的货币支付能力。

餐饮消费的“购买力”，主要是指在外就餐方面的货币支付能力。

消费者购买力的高低决定着他能不能成为你的客人。

因此，作为经营者，你必须了解你的目标客人的购买力，然后向目标客人提供同他的购买力相应的服务。

过高或过低的购买力都会使你的经营受到影响。

公款吃喝阶段，高档餐厅、酒店纷纷上马，把目光盯准了公款吃喝者，所以餐厅、饭店的服务档次之高，堪称一流。

眼下，廉政之风刮得颇猛，公款吃喝骤然降温，于是，大批商家纷纷曲身面向大众、工薪消费者。

成千上万的巨款赚不到了，只得来赚普通百姓的几十块了。

由此可见，消费者的购买力实际上是一个市场问题。

消费者有购买力，你的商品就有市场。

所以，一家餐厅要定位，要选择目标市场，必须考虑人们的消费能力。

人们的消费行为一般分为：认识过程、情感过程和意志（行动）过程，三者之间互为反馈作用。

人们对饮食消费的认识，主要来自以往消费的经验和习惯，和个人的感情特点和素质也都有关系。

俗话说：吃惯嘴，跑惯腿。

顾客只要对你的餐厅产生好感，这好感就很可能要变成消费行为。

而消费行为的满意程度如何，又将增强或减弱顾客对餐厅的情感。

如果这种情感得到增强的话，那么顾客就会成为你的常客。

87. 服务环境因素对饮食消费的影响

服务环境是指餐厅为顾客提供的服务场所的状况。它包括：

外环境——指房屋的式样、牌匾及周围的美化、装饰等；

内环境——指房内的陈设布置、服务设备，经营的菜点品种、价格及服务质量等。

服务环境是刺激顾客消费、强化人们消费动机的一个非常重要的因素。

因此，服务环境的清洁、美观，装饰布置的典雅、和谐，商品、菜点的陈列和广告，服务人员的举止着装、服务态度等都对人们的消费行为有重大的影响。

顾客来到餐厅后，要通过他的五官进行观察、体验，运用他的大脑进行思考、分析、评价、决策。

好的服务环境会使顾客接受服务，并在良好的服务中加深他们的印象，获得愉快、满意的心理感受。

这样，顾客就会经常光顾。

差的服务环境，会使顾客望而生畏，另寻他家，即使店里有再可口的饭菜，顾客也体验不到。

这样，顾客就不会光顾，而你则拱手把客人推给了别人。

88. 了解饮食消费的四个阶段

顾客在接受服务前，首先要寻找实现其消费的特定目标。

有了目标后，不光只是投向目标，还要进行观察。观察服务现场的装饰布置、卫生状况、服务人员的工作态度、工作质量及饮食的质量，尤其是观察服务人员对其他顾客的态度。

很难想象，在卫生状况极差的餐厅里，就餐顾客会有极好的食欲；面对服务员以冰冷的面孔或训斥的语言接待顾客，很难想象正在观察着的人们会接受这样的服务。

顾客经常通过自己的观察，并与已亲自体验过的服务进行比较。

当所观察到的一切与其所希望的或体验过的水平相一致，甚至出乎意料、超过自己所期望的情况时，顾客就会有一个良好的第一印象，引起消费兴趣，并强化他的消费动机，愿意接受服务。

相反，如果不能引起兴趣，就会失望，只能投奔他处。

顾客在接受服务前，都要经过：

寻找——观察、比较——引起兴趣或失望——决策：接受服务——寻找其他目标这样的四个阶段。

因此，餐厅就餐环境的整洁有序，服务人员的举止文雅、热情、亲切、工作认真、有礼貌等，这些都会给顾客留下深刻的好的第一印象。

好的第一印象，就会使顾客接受服务；差的印象，就只有使顾客悻悻离去。

顾客在接受服务中，要经过自己的亲身体验去验证已有的印象。

这一阶段是顾客追求实质服务满意与否的关键阶段。

因此，服务工作的及时周到、安全卫生、舒适方便、主动热情以及质价相称等都是决定顾客能否满意的关键。

89. 迎合顾客的求新心理

求新心理即顾客对新建的酒店和新装修的餐馆、新的菜点、新的风味、新的服务方式和新的就餐环境感兴趣的心理。

不少饭店、酒家就是利用“新”来吸引顾客。

辽宁大连有家渤海饭店，它意识到北方人对北方传统的装饰、菜品已习以为常，难以产生激情，就对其酒家进行全面装修。

装修后的酒家，突出了南国风光和南国气氛，设了活水鱼池，引进了广东名、特、新菜，改进了经营方式。

结果，这大大刺激了顾客，饭店终日门庭若市，生意兴隆。

南京金陵饭店的梅苑餐厅在广大顾客中有极好的口碑。

它的成功经验之一就是在餐饮供应花色品种上做文章。

他们深知顾客爱翻花样，于是，每 10 天翻个花样，使顾客感到常来常新。

面对市场竞争，梅苑餐厅坚持做到“人无我有，人有我精，人精我超”。

别家酒店早上吃不到豆浆、芋头，梅苑餐厅却有。

靠着不断改换品种，梅苑餐厅已经取得了巨大成功。

90. 迎合顾客的求廉意识

求廉意识，即讲究经济实惠的心理。

几乎每一位顾客都有这种意识：少花钱，多办事。

尤其是在经济发展水平低下的地区和工薪阶层中，这种意识更为普遍。

长期以来，许多餐饮业的经营者一直将目光盯在公款消费上，而忽略了工薪阶层的消费潜力。

结果，饭店档次越办越高，价格越来越贵，普通大众消费成了被遗忘的角落。

而大连有一家饭店——王子饭店，意识到了顾客的求廉心理，推出了“48 元随便吃”系列。

这样，他们把众多的工薪族从家庭中引到他们的餐厅。

装修典雅、气派的王子饭店，以其平均毛利不超过 40%的低价位，迎合了普通大众的求廉心理，号称平民的乐园。

昔日不敢轻易走进饭店的工薪族如今也“潇洒走一回”。

王子饭店的营业额因其薄利多销反而有所上升。

91. 迎合顾客的求奇、求特意识

求奇、求特意识即客人对食品营养的嗜好、对风味食品的嗜好、对饭店奇特装修、设备的嗜好以及对独特新奇的经营方式的嗜好等各种不同的嗜好。

客人具有这种心理，使得餐厅经营者极有文章可做。

你的餐厅的硬、软件只要具备一种奇特之处，就会吸引大批食客。

日本东京港有一家专为模仿科技动画片“亚里安”而装修的餐厅。

该餐厅以塑料板为主，建造成太空战斗基地的模样，再配上一流的超时空音响及激光录像带，的确很有特色。

顾客坐在设计成驾驶轮一般的位置上饮酒，便会产生一种莫名其妙的舒服感，这是在别的餐厅无法体验到的。

这个餐厅自开业以来，顾客盈门，财源广进。

中国的某些餐厅虽然装饰、装修没有这么奇特，但是靠一些奇特的经营方式，也招徕了一批顾客。

如广州胜利宾馆推出了“点厨掌勺”的服务新招。

食客可以随意选择厨师为自己烹制菜肴，共有25位厨师可供挑选。

点厨掌勺把酒店餐饮规范化、标准化服务和为客人的个性化服务有机地结合起来，因而受到客人的欢迎。

与“点厨掌勺”相类似的，还有上海福建路上的大方饭店推出的“自己买菜厨师烧”。

顾客将市场上买来的龙虾、活鳗等鲜活货，交给指定的厨师，根据自己的口味，或清蒸，或红烧。每个菜收服务费15～20元，比饭店的同类菜要便宜20%左右，因而，该店的生意十分走俏。

92. 迎合顾客的求尊重意识

求尊重是顾客的普遍心理特征。

在服务交往中，人们追求的主要是对个人人格、风俗习惯和宗教信仰的尊重，以获得心理和精神上的满足。

餐厅服务员的举止是否端庄，语言是否热情亲切，是否讲究礼貌、礼节，是否能主动服务等都涉及能否满足顾客求尊重的心理需要。

宾客在享受服务时，希望服务人员能够尊重他们，关心和重视他们。

特别是当涉及宾主关系时，主人要显示自己的身份，显示自己款待宾客的气派，服务人员要使用恰当的言语来帮助主人满足宾客受尊重的需要。

自尊心是人的“一根敏感的神经”。

服务员与宾客之间的交往能否顺利进行，在很大程度上取决于服务员是否懂得去保护宾客的自尊心。

一个人在别人以亲切的态度对待自己时会产生一种被尊重的感觉，而在别人以生硬态度对待时会产生被贬低的感觉。

餐厅上菜的快慢不仅仅是服务态度问题，而且也表现了你是否尊重客人。

无论点菜多少，都是顾客，都有被尊重的权利。

而有些餐厅，在客多的时候，择“大头”优先服务，而把“小头”搁在一边，这实在是不尊重他人的表现。

这不仅不尊重别人，同时也是不尊重自己的表现。

不少商家不懂得这一点，结果伤害了他人也伤害了自己，损害了自己餐厅的形象，给自己的餐厅设置了障碍。

93. 迎合人们注重“三养”的新型消费观

80 年代以前，可以说大部分中国居民对脂肪、蛋白质摄入都不足，造成儿童营养不良、抵抗力下降，成人体质虚弱。

那时，城市居民供应粮中细粮仅占 20%～30%，于是在人们的生活中出现了“食不厌精”的现象。

细米白面、大鱼大肉只是普通百姓在梦寐中才能企及的东西。

在许多人看来，过年过节的欢乐在于能吃上几顿“好吃”的东西。

然而，曾几何时，人们的消费观念却发生了变化。

因为，在人们面前不仅出现了污染问题，而且由于营养不当、营养过度引起的疾病越来越多，其中最具代表性的就是所谓“富贵病”，诸如肥胖症、糖尿病、冠心病等一系列的病症。

营养不足是个问题，营养过剩也是个问题。

据专家统计，仅美国 1992 年一年用于治疗因营养过多所致疾病的医疗费用就高达 500 多亿美元。

多么可怕的事实！

昔日为“吃不上”“吃不饱”而发愁，今日却为“不能吃”而发愁。

大鱼大肉腻了，精粮细粮烦了，污染食品怕了。

人啊，要吃向何方？餐饮业的老板们，你是否知晓？

如今的食客注重的是“三养哲学”——营养、保养、修养。

聪明的消费者希望选择一个维护他们身心健康的餐厅，并且能吃到有别于往日常规性的食品。

所以，你一定要根据人们新的饮食潮流，开拓新的饮食空间。

唯高博士读书轻松一刻

唯高博士语录：

品茶，要聚神去细品，方能品出茶中的芳香；读书，要用心去细读，方能读出书中的芳香。

唯高博士读书轻松一刻

唯高博士语录：

当你展开书卷，愿书中每一个小小的启发，每一种小小的感受，去碰撞你天资的悟性。

94. 迎合人们求安全与健康的意识

1960 年，美国的卡逊女士以密西根州东兰辛市为消灭伤害榆树的甲虫所采用的措施为证据，披露了杀虫剂 DDT 危害健康的真实情况。

该市用 DDT 遍喷树木，秋天树叶落到地上，蠕虫吃了落叶，大地回春后，知更鸟吃了蠕虫，结果，一个星期之内，所有的知更鸟几乎全部死光。

卡逊女士在《春风无语》这本书中写道："全世界广泛遭受治虫药物的污染，化学药品已经浸入万物赖以生存的水中，渗入土壤，并且植物造鸽形成一层有害的薄膜……已对人体有严重的伤害。除此之外，还有可怕的后遗祸患，可能长时间无法查出，甚至于可能对遗传有影响，令几代人无法察觉。"

卡逊女士的论断给全世界的人们敲响了警钟。

中国医学科学院曾在对 7736 种食品的抽样调查中发现，65％的产品含有"666"农药，动物食品的检出率高达 100％，以至于查出 30％的人奶里 DDT 的含量已经超标。

甚至刚出生 33 天的婴儿脂肪里的农药含量也高达 4mg/kg。

更令人震惊的是农药的污染会漂洋过海，科学家们在南极的企鹅体内竟然也吃惊地发现了 DDT。

这是对人类健康的又一严重警告。

人们在呼唤着安全与健康的食品。

三、广告技巧8则

在商业社会中，广告是成功经营的一个重要法宝。

君不见，各种各样的广告充斥于电视、广播之中，或是报刊、杂志之端。可以说，广告已成为人人皆知的“商业武器”。

广告的特点是把信息通过各种广告媒介进行广泛传递和播放。由于各种广告媒介都有自己的特点，因此餐厅饭店的决策人员要根据自己制作广告的目的，去寻找适合自己需要的广告媒介。

到了今天，我们应当明白，餐饮业不仅同样可以依靠广告来发展，而且其做广告的手段比其他行业更多。

毋庸讳言，餐馆老板必须对现代广告学方面的知识有所了解，因为这是成功经营的有利手段之一。

无论你是中、高档餐馆的老板，还是一家小餐馆的老板，都应当对广告给以充分的重视，掌握做广告的种种方法。

餐饮业的广告既有与其他行业广告的相同之处，也有其自身的特点。只有充分了解餐饮广告的特点，学会利用各种方法做广告宣传的餐馆老板，才会在激烈的竞争之中立于不败之地。

95. 开餐厅也要做广告

所谓广告就是广而告之，即通过某种宣传媒介的空间或时间，来向餐饮的公众或特定市场中的潜在客人进行推销或宣传，以达到促销的目的。

在现代人员流动异常频繁的社会，广告是餐饮推销常用的手段之一。

因为一个有效的广告能对潜在客人的消费态度、消费行为产生影响，能为餐厅产品创造良好的形象。

有资料表明：58％的公众消费受广告的影响，所以那种“好酒不怕巷子深”的观念恐怕已经过时。

广告的目的就是扩大市场占有率，挖掘潜在的销售市场。

为达到这个目的，饭店、餐厅必须把自己能够提供的优质服务摆出来让大家知晓、明白。

你的“酒”好在哪里？

只有众人了解了你的好“酒”之后，才会消费它。

所以，作为饭店、餐厅的老板，你不必担心别人说你有“王婆卖瓜、自卖自夸”之嫌，因为“好酒也怕巷子深”。

正如著名的经济学家布里特所说：“商品不做广告，就像灰姑娘在暗处向王子递送秋波，脉脉此情只有她自己知道。”

96. 利用大众传播媒介广告

(1)电视广告

电视广告传播速度快，覆盖面广，已深入到人们的日常生活中。

因其表现手段丰富多彩，是唯一能同时使用文字、图画、声音、色彩和动作的广告，所以吸引力很强。

但电视广告成本昂贵，受技术条件限制，其消费空间具有独占性；由于时间、频道限制，比较被动，信息只能单向沟通，稍纵即逝，不便储存查找。

鉴于此，电视广告适合宣传餐厅设施和形象以及特别活动的广告等。

(2)电台广告

电台广告比较适合于做针对本地消费者的餐饮广告。

电台广告成本最低，对听众来说，不具独占性，效率高，可通过播音员声音的抑、扬、顿、挫及其具有的感情色彩来影响受众，另外，电台广告还具有大众性、不受文化程度限制等等优点。

但电台广告也具有如下缺点：传播手段受技术限制，信息稍纵即逝，听者稍不留意，信息便无法寻找，不具资料性；口语化的信息，不易对听众形成深刻印象；听众几乎完全从属于广播电台所事先安排的时间、播音速度，因此听众较被动；形象性较差，不能造成直观印象。

不同的节目拥有不同的听众，穿插其间的餐饮广告就能吸引不同类型的就餐者。

如：针对年轻人和现代企管人员、专业人员的广告可穿插在轻音乐等节目中。

不同的时间，广告吸引的对象一般也不相同。

一般说，白天上班时间只能吸引老年人和家庭主妇。

电台用主持人与采访者对答形式做广告常常比较亲切。

(3)报纸广告

在报纸上做餐饮广告目前已很普遍。

报纸具有资料性，便于保存、剪贴、编辑；报纸信息有较充分的时间处理，有较深入细致的报道，能给读者留下深刻的印象，且信息诉诸文字表达较为精确；报纸广告成本也较低。

但是报纸广告形象性较差，传播速度慢于电视、电台，范围也小于电视、电台，且受文化程度限制。

报纸广告适合于做食品节、特别活动，小包价等餐饮广告。

也同时适合于登载优待券，让客人剪下凭票给予优惠。

利用报纸做广告要注意登载的频率、版面、广告词、大小、色彩等。

(4)杂志广告

杂志广告的最大特点是针对性强，专业性强，范围相对固定，即不同的人阅读不同的杂志。

这便于决策者根据就餐对象，选择其常读的杂志做广告。

杂志资料性较强，便于检索、储存，信息量大，图文并茂，专栏较多、较全。

并且杂志的纸张、印刷质量高，对消费者心理影响显著。

但杂志出版周期长，适用于时间性不强的广告。

根据这些，我们就可以有目标地选择一些杂志登广告。

例如，针对新婚夫妇的婚礼宴会，广告可登在《家庭》、《现代家庭》、《中国青年》等杂志上。

$ 97. 利用户外广告

看过电视剧《水浒》的朋友可能注意到：景阳冈下的那个不知名的小酒店，广告做得真是绝伦。

与不起眼的小酒店相比，小酒店外的旗子上所书的“三碗不过岗”却是那样醒目，那样充满诱惑，以至于武松被它搞得狂饮十八碗。

实际上，这“三碗不过岗”便是一则户外广告。

这类广告是通过户外的道路指示牌、建筑物、交通工具等进行宣传，主要用于在交通路线、商业中心、机场车站和车辆行人较多的地方宣传。

户外广告包括指示牌、帐篷广告、屋顶标牌、霓虹灯广告牌、餐厅布告栏、汽车广告、挂在人身前身后的广告牌(例如文化衫)、电梯广告、现场广告等。

户外广告显露的时间长、费用低，适合于做宣传餐饮设施、树立形象的广告。

例如，假日饭店集团在一些交通要塞处的路牌上写上假日集团的名称，目的是让游客们记住。

又如在美国迈阿密殖民地饭店的餐厅出口处挂了这样一块牌："感谢您——能够为您服务，我们感到十分荣幸。"

户外广告如果要有效果，营销人员必须使它具有清楚、新奇独特、体现产品、反映餐厅地理位置等特点。

98. 利用名人做广告

50 年代的一天，在美国首都华盛顿，整个城市呈现出一片节日的欢乐气氛。

街道上竖立着巨型彩色标牌："欢迎您，尊贵的法国客人!""美法友谊令人心醉!"

报亭上悬挂着一长列美法两国的小国旗，花花绿绿很好看。

在广告牌上画着鲜艳夺目的美国鹰和法国鸡干杯的宣传画和"总统华诞日，贵宾来临时"以及"美国人醉了!"等大标语。

马路口，许多轿车、摩托车、自行车涌向白宫。

白宫周围已是人山人海。

人们笑容满面，挥动着法国小国旗，期待着贵宾的出现。

在美国总统艾森豪威尔的寿辰，光临华府的法国特使是谁呢?

不是政府官员，不是社会名流，却是两桶法国白兰地酒。

原来，这是法国公关专家精心策划的一次商业公关广告。

白兰地当时在法国国内已享有盛誉，畅销不衰。

如何将白兰地打入美国市场。

厂商聘请了公关专家，经过调查研究，决定搞一次大型的公关活动，以新颖的方式、热烈的场面来大造舆论，为白兰地进入美国市场开辟道路。

他们决定在美国总统艾森豪威尔 61 岁寿辰这一天，用专机将两桶窖藏达 67 年的白兰地酒运往美国，作为献给总统的贺礼。

这两位“公关使者”满载着法国人的情意踏入白宫。

美国公众在总统寿辰一个月前，就分别从不同的传播媒介上获得了上述信息。

一时间，法国白兰地成了新闻报道、街谈巷议的热门话题。千百万人都盼着这两桶名贵的白兰地酒光临。

当这两桶仪态不凡的美酒出场时，人群沸腾了。

在白宫花园举行的隆重的赠送仪式上，两名英俊的法国青年，身着法兰西传统服饰的宫廷侍卫抬着这两桶酒正步行进，进入白宫。

美国总统亲自前来，微笑着接受这令人心醉的礼物。

久负盛名的法国白兰地，作为美国总统的寿辰贺礼，将法国人和美国人的心紧紧相连，成为友谊的象征。

这两桶酒身价倍增，在美国人心中，把能亲口品尝到白兰地视为无上荣耀。

从此，法国白兰地昂首阔步地迈进了美国市场。

宴席和家庭餐桌上也从此少不了它的身影了。

法国白兰地在美国的成功归功于这次广告做得好，广告的契入点选择得十分巧妙。

以情动人，以感情投资为信誉效果的先导和基础。

让两桶白兰地扮演了友好使者的历史性角色，巧妙地缩短了白兰地酒与美国人的心理、地域差距。

在这场公关广告活动中，美国总统无形中做了一次白兰地酒的“推销员”。

当美国公众看到总统高举白兰地款待各国贵宾时，他们会怎么想呢？

白兰地酒利用美国总统做了一次广告，作用是巨大的。

$ 99. 多多使用不花钱的广告方法

做餐饮业广告与做其他行业广告的最大不同就在于，餐饮业可能有不花钱或花钱很少的途径来做广告。

具体说来，做不花钱的广告之方法主要有下述几种：

(1)借用他人之口做“活广告”

餐馆老板可能把自己经营餐馆的事告诉自己的亲朋好友，请他们到店中坐坐。

一旦这些人到店中就餐，你就可以给他们打折优惠，然后再向他们详细介绍自己餐馆的经营范围和经营特色，并请他们为自己多做宣传，告诉他们所熟悉的人。

如此一来，一传十，十传百，百传千……你的餐馆的名声就会不断扩大，客源当然也随之扩大。

(2)散发传单广告

请人设计一份印刷精美、吸引人的传单，然后印刷若干份，向外散发。

在传单上，应当注明你的店名、地址、经营项目和经营特色，最好把本店的特色菜也印制上去。

这种以散发传单方式所做的广告，效果也很好，目前已有不少店家都采用了这种宣传方式。

(3)贴纸广告

这种方法和第二种大同小异。不同之处在于，第二种方法是散发出去，而本方法则是到餐馆周围人数众多的地区张贴——当然应当贴在醒目的位置上。

上述这三种广告方法，都属于“不花钱”的方式。说是“不花钱”，实际上还是要花一些费用的。不过，利用这些方式所花的钱与其他方式比起来，则显得太微不足道了，因此可以忽略不计，定名为“不花钱的广告方法”。

100. 从小处着眼做大广告

1996年11月5日，长城饭店每间客房都摆上了一张淡绿色的“节能卡”。

上面用中、英、日三种文字写道：“欢迎您参加我们的节能活动，您只需在离开房间前做这几样事：将房间内的灯熄灭，关掉暖器、空调、电视、收音机。如果您认为被单、浴贴等不用每天更换，可告知我们。”最后是饭店总经理签名。

离开房间前关掉电视、收音机等是小事一桩，但开展这种节能活动的却是五星级的大饭店。

大饭店做小事情，大小对比，形成强烈反差，给人一种新鲜感。

而往往是新鲜的事物，才能给人一种深刻印象。

自觉节约能源，是世界性的呼声，是人类对自身生存和发展的关注，是现代人文明素养的一种表现。

身为五星级的大饭店，欢迎住店客人参加“我们的节能活动”，其用意当然不仅仅是在于对自身利益的考虑，更重要的是对公众做了一次节能意识的影响和引导，体现了一个大企业对社会的责任感。

可以说，长城饭店的“节能卡”，表达了企业利益与社会利益的和谐，同时也为自己做了一次成功的公关传播。

每一家饭店、餐厅都无例外地希望其传播的信息能在影响、引导公众方面产生最佳效果。

传播效果的好或坏即广告回报率的高低，要看信息是否得到公众的理解与认同。

而影响公众理解与认同的因素有两类：结构性因素和功能性因素。

结构性因素包括信息刺激的新鲜度、对比度、重复率等等。

功能性因素则是一种能“调动”公众信仰、观念、需求、情愫的因素。

长城饭店的节能活动在传播的结构和功能上都颇具特色。

“淡绿色的节能卡”新鲜别致又言实情真，激起了公众对节能活动的理解与认同，也为长城饭店的形象添一份喜色。

因节能活动是一项社会公益性活动，所以，在长城饭店推出“节能卡”后，国内几家大报社对此事件进行了报道。

这些自然地增强了顾客对饭店的认同，而长城饭店也利用报纸做了一次免费的自我宣传广告。

其实，餐饮企业做广告并不见得非以你的餐食饮品为内容。

长城饭店的“节能卡”并没有涉及它的日常服务，但照样光耀了企业形象。

广告是广泛传递信息的过程，这是确定不疑的。

而广告所传递的信息种类、数量却是不同的。

直接夸耀你的服务如何如何好，你的饭菜如何如何色、香、味俱佳，难免会有人认为你自卖自夸。

所以，你不妨换一个角度，找一个新的契入点来做广告。

如果时机、契入点选择得好的话，其收益会令你大吃一惊。

实际上，聪明的经营者正是这样做的。

101. 以信誉和热情为特征的“口碑”广告

一家意大利餐馆接到一个订购薄饼的电话，要求把 6 个大薄饼送到南极洲新西兰的斯科特站去。

该店做好和包装好了这批薄饼，附上食用前如何再加热的说明，然后由定期开出的大力士运输机送去，行程 8 个小时，才到达斯科特站，使得站上渴望吃上薄饼的人的梦想得以实现。

也许你会认为，万里送饼，未免有点得不偿失，太不划算。为区区几张薄饼而万里相送，乍一看，好像有些“亏”。

但万里送饼，讲究的是信誉第一。

从长远的眼光看，此举对维护商业信誉、赢得顾客信赖，是大有益处的。

斯科特站上那些实现了吃薄饼梦想的人，实质上就是该店的忠实顾客，他们有机会也会向他们的亲朋好友诉说这件事，这就成了“口碑”广告了。

“商以诚为本。”

做买卖就该以诚取信，以信取胜，诚招天下客。

商家都应把用户的需要、顾客的愿望，当作自己的承诺，尽量去实现、去兑现、去满足他们。

万里送饼，把意大利这家小店的诚和信突出得淋漓尽致。

这就是以信誉和热情为特征的“口碑”广告方法。

102. 小餐馆怎样做广告

不要以为店小便不需要做广告，其实小店也需要做广告。

如果你开了一家小餐馆，那么你如何做广告呢？

小餐馆不可能把很多资金用在广告的宣传上，因而作为一家小餐馆的老板，你可以利用别人给餐馆做广告。

利用厂商做广告是一个好办法。

一家餐厅必须向许多厂家采购货品，如面条、味精、酱油、醋、饮料等等，供应厂家为了争取客户，大部分提供赠品。

比如可口可乐提供冷藏库给餐厅，目的是存放其送来的可口可乐。

但餐厅可以利用这个冷藏库来存放其他物品，如啤酒、果汁等。

这样，一方面节省了一笔费用，另一方面也可显出餐馆的信誉不错，因而可口可乐大公司都与其合作。

有些厂商会提供玩具、气球、碟子、杯子等赠品，餐厅可利用这些赠品，转赠客人，这正是“借花献佛”。

这不仅使客人满意，而且会借客人之口播其美名。

有些赠品不宜在餐厅使用，不如马上赠给老客人，反而可以建立交情。

如 A 牌啤酒送来一套啤酒杯子，餐厅用来装 B 牌啤酒显得不伦不类，还给客人一种小气的感觉。

这样不如索性转送给客人，反而会皆大欢喜。

再不值钱的东西，只要是免费赠送，人们也会十分乐意接受的，而且人们也喜欢对免费得到的东西津津乐道。

餐馆也可以设法与剧院、电影院、体育馆等娱乐场所联系，代其售票。

这样，不仅可以从中牟利，而且许多人会因来此买票而到餐馆就餐，这为餐馆扩大了客源。

餐厅中亦可挂上初出道的画家作品，或摆上寄售的小首饰、小陶器等。

这一方面收到观赏效果，一方面可代售，这些垂手可得的小钱，也不应轻易放过。

这样也会扩大餐馆的知名度，提高餐馆的竞争力。

提高餐馆的知名度，还可以利用记者或一些文人的笔来做免费广告。

这就要求客人要与记者、新闻界保持良好的关系，至少与本地区的媒体保持好关系。

如果餐馆的特色菜能为大报纸所登载，或为相关的刊物所登载，那么餐馆的名声定会大振。

没准就会有客人因此远道而来品尝你的特色菜呢。

四、服务方法19则

在餐饮服务中，服务方法往往是关系到盈利与否的关键性问题之一。

所谓服务方法，包括服务思想、服务态度、处理好与客人之间的关系和洞察客人心理及服务语言等多个方面。

“态度”是一种服务因素，它本身具有价值，同时也能够为餐馆带来巨大效益。微笑是服务态度的重要组成部分，也是积极态度的表现形式，从而备受餐饮业的重视，被作为餐饮服务的基本原则之一。

客人为餐馆带来了利益，是餐厅存在的前提条件。作为一家餐厅的老板，很关心如何能使客人高兴地把自己的钱从钱包里掏出来。而要做到这一点，除了最基本的微笑服务外，餐厅在服务上必须坚持“客人至上”的原则，处理好与客人之间的关系，从而创造出一流的服务。

作为一家餐厅，其服务达到让顾客“乘兴而来，满意而归”的程度，我们便可以说，此服务十分成功。

但是，在实际服务中，要做到这一点却十分困难，因为客人进店不仅有着满足肚子的需要，而且也会有诸如满足心理和精神等方面的需要。

说使客人“乘兴而来，满意而归”难以做到，主要是难在满足客人的心理和精神的需要上。

但是，难度大并不是说不能做到，只要心怀“顾客就是上帝”的念头，为客人着想，你也会懂客人的心理，从而也就能做到使客人“乘兴而来，满意而归”。

古人云：好话一句三冬暖，恶言半句六月寒。尽管“好话”“恶言”的含义十分广泛，但是，在餐饮业服务中，语言的技巧对能否做好服务和接待工作，具有十分重要的影响。

我们说，服务中一定要讲礼貌，但是同时，讲话的方式、语气等等也会对服务效果产生直接的影响。因此，我们对此也应给予足够的重视。

上述种种问题，都是属于服务方法的范畴之中的。

在这一部分，将就这些问题为你作出详尽的阐明和论述，为你提供有关服务方面的技巧和方法。

103. 让顾客真正成为“上帝”

在香港，商品经济发展较早，所以商业气息也很浓厚。

在长期的餐馆经营的实践中，经营者们总结出了“顾客就是上帝”的信条，并在实践中加以贯彻实行。

之所以如此，是因为他们深知这样做才是正确的赚钱之道。

反过来说，就那些不赚钱的餐馆而言，其赔本的原因即在于不懂得如何灵活运用这种经营理念。

香港餐馆老板们的这种做法，现在已被很多广州人学了过去。

粤菜馆的经营者们把这种信条贯彻得十分有力、彻底。

在那里，无论是老板还是服务小姐或是服务先生，都很热情。她(他)们会为你开门、倒茶、点烟……服务态度温和，面面俱到，决不会冷落客人。

到这样的餐馆中去吃饭，无疑是一种莫大的享受。只有此时，人们才会真正体会到“宾至如归”的含义，而不是仅仅在吃自己的一顿饭。

对于采用这种服务方式的餐馆，人们肯定会经常光顾，去了一次还想去一次，百去不厌。也许，并不只是为了吃饭，同时也是想体会一下做“上帝”的感觉。

把顾客真正看作“上帝”的餐馆，想不赚钱都难。

如今，几乎没有人不知道“顾客就是上帝”这句商业格言，但是，的确有相当多的一大批人却只把它停留在口号上，而在实际经营中却将之抛诸脑后。

这种人当然无法赚钱。

104. 领班服务员必须充分发挥作用

一般来说，稍微大些的餐厅都有自己的服务员领班。

服务员领班是使优良的服务得以贯穿餐厅服务全过程的关键人物。领班既是行政领导的助手，又在整个餐厅服务中直接起着组织、带头、督导、协调的作用，是餐厅服务舞台上的主心骨和现场指挥者。

在那些成功的餐厅中，领班的这些作用一般都得到体现。

鉴于服务员领班的多重角色，故务必充分发挥好他(她)们的作用。

具体说来，领班服务员应在下述几个方面发挥自己的作用：

其一，要发挥领班服务员的助手作用。

在经营餐馆的过程中，经营决策一旦确定以后，领导首先要把意图传达给领班，再经过领班的消化和理解，然后让每个员工贯彻到实际工作中去。如果领班对老板的意图不能透彻理解，会直接反映在她(他)的工作效果上，此时老板应及时予以纠正。

餐厅的经营目标、任务的完成也要依靠领班来组织和落实。

另外，领班工作在服务的第一线，直接与顾客接触，所以对于顾客的动向、需求等信息的反馈和了解最为直接，这就使得他能为领导做出决策起参谋作用。

在当前竞争激烈的餐饮业，信息的交流和反馈是最为重要的。顾客在就餐时有相当大的选择幅度，他们的口味和品味也要求各异，如果他们不能在你的餐馆里得到满足，以后就不会再光顾。这对餐馆来说就失去了相当一部分客源。

反之，通过服务员领班及时反馈信息，使领导及时调整思路，改变经营策略，就能迎合不同层次顾客的消费要求，使饭店拥有一支数量稳定的顾客，即通常所说的“回头客”。通过这些“回头客”的口耳相传，还会使你的客源不断扩大。

其二，要发挥领班服务员的组织作用。

所谓组织作用，在此是指服务员领班根据其下属人员的长处，对其进行优化组织安排。

领班服务员和其他服务员经常工作和生活在一起，彼此接触多、了解深，因而能掌握每个服务员的思想情况、个性特点和服务水平的高低。

因此，领班在安排工作时能因人制宜，扬长避短，发挥其个人的技术特长、兴趣爱好，有利于调动员工的工作积极性和工作热情。

领班如能在工作安排中巧妙地使员工们相互取长补短，则一定能让客人有全方位的满足感。

其三，领班服务员要在整个服务班组中起到带头作用。

俗话说：羊群走路靠头羊。领班就是一个班组的“头羊”，领班的个人形象会直接影响到整个班组的表现。因此，领班要熟练地掌握本职工作的有关业务技术知识，并力求不断精益求精。

领班服务员还必须有认真的工作态度和积极的工作热情。

假如整个服务员群体注意仪表端庄，语言文雅，服务热情，那么肯定能给顾客留下美好的第一印象，而第一印象从心理学来讲是十分重要的。

然而，上述效果的获得与领班服务员的作用是否能够充分发挥密切相关。因此，领班不仅要对自己高标准、严要求，同时还要带领全体员工共同学习业务知识，探讨服务技巧，提高服务水准，并将自己学到的知识毫无保留地传授给新的服务员。而且，还应在实践工作中对之加以运用和提高，使服务工作不断发展，增添新的内容。

其四，由于餐厅老板不可能时时刻刻都出现在第一线上，因而对一线服务员的督导作用便更多地落在了领班的身上。

所谓督导作用，就是善于指挥安排，对可能发生的各种问题能事先察觉，防患于未然，避免失误的产生。

领班是现场指挥员，餐厅的经营不像工厂组织有较强的规律性，在整个经营过程中会出现千变万化和不可预料的情况，这就需要领班来及时加以调整，合理安排，并采取措施妥善解决。

例如，在顾客盈门缺少餐桌时，尽可能在宾客还没有入席时就布置妥当。

要设身处地地多为顾客考虑一些，使顾客有一种宾至如归的感觉。这样，既多做了生意又满足了顾客的需要，难道不是一举两得的好事吗？

当预订情况发生变化时，也需要领班来及时地对原有计划加以必要的修正，做出新的调整，以便适应新情况，并组织人员重新安排餐厅的布局。

在解决顾客对菜点质量的问题时，由于领班的现场督导，往往能把问题化解在顾客与服务员发生矛盾之前，即萌芽时期，不使矛盾扩大，可减少企业的损失，有利于企业的声誉和整个餐厅的就餐气氛。

其五，领班在整个服务过程中所发挥的协调作用也是不能低估的。

所谓协调作用，就是指统筹兼顾，充分调动各方面的积极因素。

在营业过程中，顾客与服务员、服务员内部、服务员与厨师都可能产生一些意想不到的矛盾。

这时的协调工作相当重要。

当服务员因个人问题、家庭矛盾以及服务员之间的矛盾而感到不顺心时，往往会把情绪带到工作中来。如果这类问题不能有效地迅速加以解决，在顾客面前服务员撅着嘴、皱着眉，顾客怎么能接受得了呢？这样也是有损餐馆形象的。

此时，就需要领班跟服务员及时地了解情况，付出关心，排除困难。

其六，厨房的菜肴品种、供应数量等也需要领班来互通情况。当两者产生矛盾时，领班是润滑剂，通过领班的协调，扫清工作中的一切不利因素，使每一位员工都能专心地来做他们自己的事。

总之，一家出色的餐厅是离不开领班服务员的巨大作用的，也只有充分发挥领班的作用，才能使餐厅变得更加出色。

$ 105. 微笑是良好服务的关键环节

微笑作为无言的服务，对客人会起到积极情绪的诱导作用。

在服务的情感交流中，微笑是必不可少的。

微笑是员工的脸面，是其内心情感的外在表露，也是服务的一种表现形式。

通过微笑，可以将友好、融洽、和谐、尊重、自信的形象和气氛传达给客人，为成功的服务打下良好的基础。

一句话，微笑是良好服务的关键环节。

实际上，微笑也可算是一种“语言”，不过它是特殊的“语言”——情绪语言。它可以和有声的语言及行动相配合，起到“互补”的作用，沟通人们的心灵，架起友谊的桥梁，给人以美的享受。

不仅餐饮服务业离不开微笑，而且生活中也离不开微笑，社会需要微笑。

微笑的作用很重要，这主要表现在下述几个方面：

第一，微笑是自信的象征。

一个人只要充分尊重自己、重视自己，有理想、有抱负、充分看到自身存在的价值，必然会重视强化自我形象，从而青春长驻，笑脸常开。

第二，微笑是和睦相处的反映。

现实是多姿多彩的，既有风和日丽、鲜花盛开的春日，也有风雪交加、百花凋谢的寒冬。

人生旅途，既有坦道，也有坎途。但是只要我们的脸上充满微笑，“乐而忘忧”，就会使身处人生大舞台的自己感到愉快、安详、融洽、平和。

微笑的确可以比做“磁力”“电波”，能够使人们心灵相通，友好、亲近，彼此间和睦相处。

第三，微笑是有礼貌、有修养的充分表现。

一个有知识、重礼节、懂礼貌的人，必然十分尊重别人，即使是陌路相逢，也不会在乎把微笑当作礼物，慷慨地奉献给别人。

第四，微笑是心理健康的标志。

一个心理健康的人，“君子坦荡荡”，定能将美好的情操、愉悦的心境、温暖的诚意、善良的心地，水乳交融，变成微笑，而不是在那里“长戚戚”。

微笑既可用作对别人的尊重和友善所做的表示，与他人分享成功的欢愉，也表明愿意用微笑分担他人的不幸和忧伤，减轻他人所承受的痛苦。

正如瑞典的一句有名的谚语所说：“与人分享的快乐是双重的快乐，与人分担的痛苦是减半的痛苦。”

从上面的论述中，想必你能看出微笑对于人与人之间的关系是多么重要了。

即然如此，为什么不尽快在餐饮服务的过程中，展开你可爱的笑容呢？

这是最佳的服务形式。

106. 微笑服务的巨大效用

微笑是扣人心弦的最美好语言。

微笑，人皆会之，似乎不值一提，然而，要笑得自然、亲切、得体，笑出魅力，却也不是容易的事。

让我们来看看一则名为“微笑服务”的故事吧。

这个故事的大意是说：

有个法国旅游代表团，由于飞机误点，直到下午一点才到达上海虹桥机场，午饭也没来得及吃，加上旅途中的其他不顺当，致使“全团人员就像一只快要爆炸的‘火药桶’”，大有一触即发之势。

接待他们的是一位颇有经验的翻译人员，他意识到此时此刻做任何解释都无济于事，只能适得其反。首要的是行动。

友善的微笑自不待言，该翻译立即送他们去宾馆用午餐，并要求餐厅尽量把菜肴做得精美适口一些，因为他们来自欧洲“吃在法国”之称的法国。

让顾客吃好、休息好，再加上热情微笑的服务、美味可口的菜点、舒适幽静的环境，这些客人的情绪开始平静下来，脸色由“阴”转“多云”再到“少云”。

翻译兼导游见时机成熟，进一步开展微笑服务。

他热情地向法国客人介绍上海的风土人情，并针对法国人喜欢古代文明的特点和了解历史以及愿意直接与市民接触的特点，顾及这支旅游团在沪观光旅游的日程较短，遂把参观的重点放在博物馆和豫园。这样，既使他们增加了对中国历史的了解，又增加了与市民广泛接触的机会。

经过一番努力，终于使这些法国人转怒为喜。

临别时，客人们说，尽管最初有一段不愉快的插曲，但这次上海之行从总体来看是很满意的。

客人由“像一只快要爆炸的‘火药桶’”到“从总体上来看是很满意的”这一转变过程中，导游的微笑起了至关重要的作用。

他使客人们如沐春风，觉得自己受到了充分的重视和尊重。因而，“火”自然就小多了，以至归于熄灭。

这则例子充分体现了微笑的魅力和巨大作用。

107. 用微笑服务赢来顾客和信誉

许多聪明的餐饮经营者都很善于用微笑服务为自己赢来顾客，建立信誉，促进事业的成长。

这里有一则真实的故事。

20 世纪 30 年代初，世界性的经济危机刚刚结束，美国经济开始复苏。著名的希尔顿饭店联号趁机充实了一批现代化设备，准备扩大自己的经营。

一天，公司董事长希尔顿先生召集员工开会。在会上，他问大家："现在我们饭店已经添了第一流的设备，你们觉得还必须配上什么第一流的东西，才能使客人们更加喜欢我们的店呢？"

员工们纷纷抢着回答，但是，所有人的答案都没能使希尔顿先生满意。他摇头说："请你们想一想，如果饭店里有第一流的设备而没有第一流的服务员的微笑，那些旅客会认为我们供应给了他们全部最喜欢的东西了吗？如果缺乏服务员的美好微笑，正好比花园里失去了太阳和春风。假如我是顾客，我宁愿住进虽然只有残旧的地毯，却处处见到微笑的旅馆，而不愿走进那些只有一流的设备而不见微笑的地方。"

从此以后，微笑服务成了希尔顿饭店联号经营秘诀之一。

因此，他经常问下属的一句话是："你今天对顾客笑了没有？"

希尔顿先生把饭店经营管理和服务质量的"三把刀"——勤奋、自信和微笑，传给了他的服务员。

令希尔顿先生欣慰的是，微笑当然使他赢得了顾客，也赢得了信誉，成长为世界上屈指可数的餐饮业巨头。

108. 微笑应发自内心

只有发自内心的微笑才能发挥情绪沟通的"桥梁"作用。

不能简单地理解面带微笑就是真正的微笑服务了。

有一则例子，说的是一个西欧旅游团深夜到达某宾馆，由于来前联系不周，客房已告客满，因此他们只能委屈地睡在大厅内的临时加铺上。

如此一来，全团人员顿时"哗然"，扬言要"查"每一个房间，看看是否真的已经没有房间了。

此时此刻，西装革履、风度翩翩的客房部经理出现在他们面前，该经理脸上露出“矜持的微笑”，面对客人连珠炮式的责问，他又微笑地耸耸肩胛，表示无可奈何，爱莫能助。

谁知这一笑更笑坏事了，客人们认为这是尖刻的讥笑，是对他们的蔑视。这批教养有素的西方人竟愤怒地拍着桌子大声吼道：“你再这样笑，我们就要揍你。”

由于不合时宜的微笑，竟闹到这般剑拔弩张的地步，是这位经理始料未及的。

无疑地，宾馆客房部经理的脸上也是一种“微笑”，然而它不是出自对客人的由衷的尊敬和友善，不是发自内心，非但未收到微笑服务之功，反面适得其反，差点闯出大乱子来。

根据喜剧改编的电影《满意不满意》中，那位对微笑服务只知其然、不知其所以然的服务员，见人就笑，而且挤眉弄眼，似乎笑得很认真，很卖力，其结果非但没有引起人们的欣慰和共鸣，反而使顾客总是“神经错乱”，望而却步。

其中当然有强烈的艺术夸张，但从中却不难领悟，微笑服务唯有发自内心，方能突出魅力，发挥出它应有的功效。

微笑服务发自内心当然十分重要，那么，怎样才能做到微笑服务发自内心呢？

听到劳模安根娣的回答后，这个答案便出来了。

有人问她：“一天之中要接触那么多的顾客，始终如一地坚持微笑服务，是否极容易感到疲劳？”她的一席话，朴实无华，然而却使人折服：微笑服务一定要发自内心，也是完全可以发自内心的。

她说：“我把客人当亲人，微笑服务是对他们的热情与尊敬，我对他们微笑是应该的。我越是这样坚持微笑服务，心里越是感到舒坦，不会觉得疲劳。假如我是奉命微笑，强作欢颜地笑，那么即使这样做10分钟的时间也会觉得很疲劳。”

她还说：“老劳模，老党员，也是普通人中的一员。我也有自己个人的喜怒哀乐，我的生活中也有酸甜苦辣，但是我一上岗，就把个人的一切烦恼、不安，统统置于脑后，振作起精神，笑容满面地接待每一位客人。”

试想你在一家餐厅中用餐，如果能够看到服务员真诚的笑脸，那么心中一定会暖洋洋的，胃口也一定很好。

这对餐厅来讲，可以使营业额直接扩大，更不用说，顾客还会因此在无意间为该餐厅做一些免费宣传了。

$ 109. 把微笑坚持到最后一刻

微笑服务应当坚持体现在接待服务工作的全过程、各环节中。

许多人认为笑脸相迎、笑脸相送，这就是善始善终了。

其实，这样理解是不完整的。

微笑迎送，固然重要，然而微笑服务应坚持体现在服务的全过程中，这样才能最终发挥微笑服务的功能。

从你将客人笑脸迎进餐厅，直到你笑脸将客人送走的这一整个过程的各个具体环节都要体现微笑服务。

每个环节中的服务质量如何，都会影响到客人对此次就餐的总体评价。

微笑服务要始终如一，人人重视，坚持在体现接待服务的全过程中。

要落实到每个接待服务人员的身上，应做到下述“七个一样”。①领导在场与不在场一个样；②内宾、外宾一个样；③本地客、外地客一个样；④生客、熟客一个样；⑤大人、小孩一个样；⑥消费多少一个样；⑦主观上的心境好、坏一个样。都要礼貌相待。

毋庸置疑，要做到上述“七个一样”，并非易事。

尤其是做到主观上的心境好坏一个样，难度更大。

这就要求我们对影响微笑的不良情绪有较强的自控能力。

“一上岗，就把个人的烦恼、不安，统统地置于脑后，振作精神笑容满面地接待每一位客人。”

110. 正确理解微笑服务

微笑服务已成为餐饮业服务的基本要求之一。

然而，真正的微笑服务中的“微笑”一定要发自内心。

现在一些学者提出“职业微笑”之说，意即接待人员只要从职业的需要出发，开展微笑服务令宾客满意即可，不必拘泥于这种微笑是否发自内心。

有的人还以如下事实作佐证——微笑服务开展甚好的日本。

据研究者细心的观察，日本的某些营业员、服务员的微笑甚是甜蜜，然而仔细看去，从其眼神及其面部表情，不难发现其内心的某些隐痛和不安。

或许，的确有一部分职业微笑不是发自内心而只是出于职业的需要。

但是，我们不能因此放弃做到微笑是内心深处真实情感的流露。

因为，唯有这种发自内心的微笑，才能感染对方。

也唯有这种会心的微笑，方可使客人产生良好的心境，使之感到心平气顺，食则有味，宿则安宁。

只有发自内心的微笑才能发挥情绪沟通的“桥梁”作用。

千万不能简单地理解成面带微笑就是微笑服务了。

微笑服务发自内心十分重要，那么，能做到微笑服务吗？

有一位服务员说过这样的话："我把客人当亲人，微笑服务是对他们的热情与尊敬，我对他们微笑是应该的。我坚持微笑服务，越笑越舒坦，不觉得疲劳。假如我是奉命微笑，10 分钟我也会觉得累。"

试想，你在一家餐厅用餐，望着服务员真诚的笑脸，心中一定会暖洋洋的，人的胃口定会很好。

对餐厅来讲，微笑服务使营业额直接扩大，这是多么重要。

111. 利用菜香吸引顾客

香也是衡量菜肴质量的标准之一。

端上一盘菜，未开口品尝，香味便扑面而来，想来一定会令客人食欲大增，大开其胃口的。

"桂子花开，十里飘香"是夸张地形容桂子之香。

单是这句成语，便足以令你对桂花留下难忘的印象。

你定会有这样的感觉，当你走进餐厅，闻到里面飘出的香味时，你顿时会有一种饥饿的感觉。

作为高质量的菜肴，无不以色香味形俱全而衡量。

味是强调吃起来必觉鲜嫩可口，当然咸淡会因人而异的。

香是一上桌的菜，还未品尝，便引得客人蠢蠢欲动的。

菜烹后的形也表达一种喜庆的气氛，不仅要好吃，还要好看。

如"龙凤呈祥"表达了人们对祥和、幸福的企盼。

因而，当客人围坐餐桌，看着餐桌上色香味形俱全的菜肴时，顿时便勾起了食欲。

客人在品尝高质量菜肴的同时，也会有一种美的享受。

难怪有人说"烹饪"是第七艺术。

实际上可以说，好的菜肴对客人来说是一种艺术的享受。

112. 令客人"高兴而来，满意而归"的五要素

要令客人"高兴而来，满意而归"，我们可以用五个字来进行概括，即：

精、气、神、情、艺。

(1)精

我们知道，精品店中提供的商品是精品，在餐馆服务中，同样也能体现"精"字的各个方面。

首先,“精”是从精神面貌方面讲。

服务是一上岗便要进入角色,仪表大方、精神饱满。

其次,服务过程中要精心细致。

服务过程中要想顾客所想,多将心比心,以心换心,将顾客当作皇帝,为其不折不扣地服务。

再次,要具备精湛的技艺。

无论是铺台摆位、派菜折碟,还是摆设鲜花台,都很精通。

服务员没有精湛的技艺,就出不了精品,顾客就不满意。

所以,服务技艺要精益求精。

(2)气

每位从事服务的工作者都应具备一种特殊的气质。

具体要求是:既谦和文静,又端庄大方;既循规蹈矩,又能随机应变。

这就需要每一位服务员不断提高自己的素养,如文化水准、思想情操等,使外露的举止给人以得体的感觉。

(3)神

神态自然又得体。

服务员在服务中,眼神相当重要。

目光应和蔼可亲,不瞪眼,不斜眼,不东张西望。

与顾客目光相对时,切忌把客人从头看到脚的不敬表现。

服务员上岗前,切忌通宵达旦玩乐,导致神情恍惚,影响服务工作。

(4)情

情是情深意切。

对于进店的每一位顾客,服务员都应热情服务,使顾客有宾至如归之感。

(5)艺

俗话道:“学无止境。”

作为一门十分讲究艺术的餐馆服务工作,服务质量的提高也是无止境的。

餐厅服务中有:语言艺术、表情艺术、营销艺术等等。

作为餐厅服务员一定要努力学习,掌握各种技艺。

持之以恒,学好用好餐厅服务技艺,达到最好的服务效果。

113. 了解客人的忌讳

宴会摆花是一种艺术。

尤其是高档宴会，更要周全考虑、精心摆设。

世界上不同的民族对鲜花的好恶不尽一致。

例如荷花，中日两国对待荷花的态度就大相径庭。

中国人普遍喜欢荷花，认为它纯洁、高雅，而日本人则对其无好感。

所以，在餐厅摆设鲜花，一定要了解各个国家、各个民族对待不同花种的不同情感，以防产生负面效应。

大型宴会除了餐桌上摆花外，一般还要制作大型花台。

设计大型花台是为了烘托宴会的气氛，突出宴会的主题。

搞得好，可以点缀环境，还能体现主人的身份与诚意；

搞得不好，则适得其反，有时会显出主人缺乏文化修养和审美观，甚至还会触犯客人的忌讳，招致怨言。

无论是摆花还是设计大型花台都是为令客人满意，因而，要站在客人的角度上，以客人的“美”为审美观。

$ 114. 牢记“主随客便”

主随客便，并不是说餐饮业的服务只能被动地适应各种各样人的需求，一味地、盲目地去“随”。

主随客便，是要主动地适应客人的需要，无论从服务方式、服务项目还是菜类品种的质量上，都要探索研究客人的消费心理，为宾客提供更好的服务。

还要适宜地推出风味特色产品，创造性地开拓经营服务领域。

客人进店有各种各样的需求，例如心理和精神等方面。

如果餐厅把满足客人的多方面需求作为目标的话，那么酒店的管理人员、服务人员还必须研究客人的心理、他们的向往和价值观念等问题。

优质服务要积极体现“主随客便”。

这说起来似乎没有什么高深的学问，但在具体的接待过程中，很少真正去奉行“顾客是上帝”的原则。

“主随客便”是为了令顾客满意。

这样做或许会加大餐厅服务的难度，但这样做无疑会使客人满意，从而产生巨大的经济效益。

这也是在餐饮竞争中立于不败之地所必须具备的。

115. 学会说话的艺术

餐厅服务中，常常要使用一些文明礼貌语，这也是餐厅服务最基本的要求。

譬如“您好”“请”“不必客气”“没关系”等等。

因而餐厅普及礼貌用语成为必需。

餐厅服务用语可根据不同场合而定。

譬如迎接客人，可说：“先生(夫人)，里面请。”

这是餐厅服务员欢迎客人时最常用的欢迎语。

这样的欢迎语会使客人感到亲切，感到自己是一个受尊重的人。

餐厅的服务用语多为征询性用语，这样显得更为委婉、客气。

比如，引座员对宾客可用征询性语言“您这边请？”

客人要点菜了，可以说：“我可以给您提个建议吗？”

这些征询性用语，客人听来如沐春风，心情舒畅。

在餐厅服务中，宾客经常有事中途呼叫服务员。

这时，服务员应立刻应从。

可以说：“来啦，先生(夫人)”。

如果不能马上过来，则应面带笑容地说：“我一会儿就来，先生(夫人)。”

千万不能不理客人。

有修养的客人，常常要对服务员的优质服务表示感谢。

这时，你应该说“请不必客气”“这是我们应该做的”等等。

有时，客人会对你表示歉意，你可说“没关系”等用语。

在餐厅服务中，常常会出现由于某种原因不能满足宾客需要的情况，这时千万不要为自己辩护，应该用比较认真的语气向宾客道歉，请求原谅。

当客人欲买的东西卖完时，应说：“十分抱歉，暂时没有。”

有时，客人会对餐厅的服务提出建议，这时，要认真听取并说“谢谢您的建议”之类的用语。

广泛使用礼貌用语，是现代餐厅服务的需要。

只要深谙客人的心理，尊重其文化习俗，做到因人而异，有的放矢，有感而发，定能赢得客人好感。

116. 换一种方式说话

其实，餐馆服务对于说话的技巧要求也是很高的。

同样一个意思，由于语言技巧运用的不同，一句话在客人听来是“好话”，另一句话在客人听来则是“恶语”。

为什么出现这样效果迥异的现象呢?

看完下面这则例子就明白了。

深圳某大酒店，装潢华丽精致的餐厅里，两位北方客人被请到差不多在中央的一张圆桌前坐下。

两位先生点了几个凉菜、几个热菜和两瓶啤酒，很快，菜、酒就上来了。

两位客人今天要谈一笔生意，因而边吃边谈。

由于谈得甚是投机，不知不觉，时针已指向了六点钟。他们已入店两个多小时了，但一点也没有要走的意思。

那位做东的先生招呼服务小姐，还要再点几个菜。

但服务小姐说:“不能点菜了，晚上大厅给订出去了，两位先生请结账吧。”

“什么，让我们结账? 我们还没吃完呢，还想点菜……”做东的那位先生满脸不高兴地说。

经理听见这边争执起来了，赶快就走过来了。

问明情况后，忙赔笑道:“两位先生千万别生气，这是我们的不对，请听我解释。不瞒二位，今晚七点这个大厅要举办一个宴会，到时一定很嘈杂，不如二位继续到雅间用餐如何? 今天多有得罪，真对不起。”

“这样说，不就得了。”两位客人高兴地搬到了侧室。

你看，同样要说明一个意思，但由于说话方式的不同，从而产生了不同的效果。

服务小姐只从餐馆的需要出发，说的话在客人听来不太舒服，而经理说话是从客人的方便出发，让人感到被尊重，心里就很愉快。

只要说话得体，一般的事情都可很好地解决。

从这个例子中，你可以看出，换一种方式说话，效果就会不同。

117. 必需的“麻烦”，是值得的

蓝天宾馆服务员主动向客人提出打包，不仅是“自找麻烦”，而且会增加费用

唯高博士赚钱新招

唯高博士语录：

留住人才，就留住了创新，有了创新就有赚钱的新招，也就等于打开了一道财富的源泉。

唯高博士赚钱新招

唯高博士语录：

敢想会想，敢做会做，离成功就一步之遥了。敢想是成功的第一步，把你的想法落地，离成功就不远了。

支出，这样看是划不来。

据宾馆介绍，每个盒子工本费要2元，每个月宾馆在“打包”盒上要贴上一笔不小的开支。

但从中却反映了蓝天宾馆服务人员的良苦用心。

员工主动提供这个盒子，反映了宾馆站在客人立场上提供主动服务的精神。

这也表明，只要善于揣摩顾客心理，你就会明白客人在想什么。

单凭蓝天宾馆经营服务人员善于为客人着想这一点，客人便会慕名而来，所以，蓝天花上这笔钱还是值得的。

另一方面，酒店如果这样做，也会产生好的社会效益。

作为一家酒店，不能只顾经济效益而不顾社会效益。

在高星级酒店和豪华酒店里，有些人热衷奢侈。

明知道吃不完，盘子偏要堆成山，在社会上影响很坏。

蓝天宾馆提倡勤俭美德，其意义也绝非几元钱所能衡量的。

实际上，宾馆的做法所产生的好的社会效益又会提高宾馆的知名度，从而给宾馆带来好的经济效益。

118. 了解顾客心理的方法

要了解顾客的心理，观察客人的面部表情是一个十分重要的方法。

人们常讲，喜形于色。

大多数人是可以通过其面部表情而了解其心理状况的。

或许你通过客人的面部表情不能准确地揣摩出客人的心思，但你至少可以推测出客人对服务的满意与否。

尤其是看到客人面露不悦或心存疑虑时，一定要想方设法了解客人所想，从而为餐厅赢得声誉。

下面这则例子，充分表明心细的服务员是怎样通过客人的表情去揣摩客人心理，从而为餐厅赢得声誉的：

在华东沿海的一家餐馆里，只见金碧辉煌，灯红酒绿。

然而在正中央的一张小方桌前有三位客人正蹙眉纳闷。

这一切都未逃过服务员小张的眼睛，她估摸着客人可能有什么事。

小张满脸笑容地朝那张餐桌走过去，亲切地问道：“先生，需要我效劳吗？”

客人见状便畅吐了不快的缘由：他们三位坐下点菜时曾估算过这顿饭的价格大约在200元上下，可现在账单上明明写着503元，他们弄不懂怎么回事……

小张听完后先安慰客人，接着便到账台上去查核。

她很快便搞清了缘由：问题是出在那大盘黄鱼上。

菜单上写明每 50 克 22 元，而客人误以为一盘才 22 元。那条黄鱼的分量是 750 克，计价 330 元。

小张暗想，尽管账单上已写明该菜价格以重量计，但是由于接受订菜的服务员少做了两件工作而造成误会：

(1)客人点醋熘黄鱼时，应追加一句，请您看清该菜价格按重量而定。

(2)凡按量计价的菜肴，服务员更要把工作做到家，主动询问客人对数量的具体要求或别的请求。

这三位客人点菜之后，服务员忽视了这两个环节。

现在桌上剩余了小半盘鱼，还要支付大大超出预计的钱，客人自然有些不满，因此餐馆也有一定的责任。

小张复又回到餐厅，向客人检讨了服务工作的不足，随又向经理请示，决定给那顿晚餐以八折优惠。

当小张把这意见告诉客人时，客人的愁云顿时消失。

接着，小张把吃剩的鱼给客人打包，并且再三道歉，原先满腹怨言的客人此时已露出了微笑。

此例中，服务员看到客人“蹙眉纳闷”后，便马上猜测到客人有什么不满，因而主动询问，而不是等人家上门投诉。

这表明服务员小张的主动服务意识很强，她主动寻找服务对象，消除了一个可能导致“斩客”恶名的隐患。

对餐馆来讲，功劳大矣。

如果公正地讲，之所以会出现账单数目大大高于预计的数目，客人一方也有责任。

因为菜单上已经标明每 50 克 22 元，客人却没有看清楚。

但小张却坚持把“对”留给客人，没有针锋相对地指责客人，而是主动承担餐馆工作没做到家的责任。

小张不仅做到这些，还进一步向经理请示，最后给以八折优惠。这一步步都为解决问题创造了条件。

此例中，服务员小张表现了一个经验丰富、责任心强的酒店员工的良好素质。

她遇变不慌，镇定自若，在很短的时间内便摸清了矛盾的原因，找到了解决问题的行之有效的办法。

其实，客人之所以会露出满意的笑容，与服务员小张善于揣摩客人的心里想法有密切关系。

小张的一连串行动都符合客人心里所想，因而得到了客人的赞赏。

通过这则例子，我们不难发现，要想懂得客人的心，其实也容易。

只要你站在客人的立场上，设身处地为客人着想，那便错不了。

不信试一试。

119. 对付挑剔顾客的服务方法

俗语说：褒贬是买主。

在餐厅也是如此。有的客人爱对饭菜提出异议，但这种人却是潜在的回头客。

这种人有时爱在大庭广众之下表现一番，但这种人，只要动之以情，实现真情服务，就会取得好效果的。

这也体现了“顾客就是上帝”的原则。

像上例中的服务员和管理者那种水平在一般的餐馆服务中很难找到。

尽管或许“客人总是对的”也是许多服务者的座右铭。

就餐的客人对饭菜有意见、有投诉，哪怕并无道理，服务员也不要辩解任何理由，应马上按客人的要求去做，甚至于客人“指鹿为马”，店方也彻底把“对”给客人。

给客人面子，让客人满足，这正是聪明人的做法。

有时候这种让步的做法，可能会使餐馆蒙受一些损失。

但是，这却表现了对客人的宽宏大量和管理者长远的眼光。

这必然能取信于客。

爱挑刺的顾客必然会被饭店的真情服务所感动。

由此而成为回头客的人数不在少数，这扩大了其固定客人的数量。

这就是真情奉献“皇帝”所得到的丰厚的回报。

还是那句话，挑剔的顾客才是真正的买主。

120. 有效处理尴尬局面

有的客人在餐后有顺手牵羊拿餐具的毛病，这会给餐馆带来损失。

发现了这种现象，怎么办？

即使发现客人私拿了餐具，也应对客人有礼貌。

应该委婉地提醒客人，不可产生轻视的眼光，应礼貌地向前，说：“对不起，您误拿了餐厅的餐具，是吗？”

若客人立即归还，应补说："谢谢。"

一般来讲，对私拿餐具的处理，最好的方法是将餐具的价格算在账单里。

等客人结账时，应小心提醒客人，我们餐厅的××（餐具）××钱，××（餐具）××元。

这样，既照顾了客人面子，不使客人过于难堪，又可提醒、劝诫客人。这次碰上我们，不使你难堪，下次……？

有的客人想要餐具作为纪念品，一般应视其缘由，汇报经理。

经理允许后，将此餐具赠送给客人，并作为销售公关的开支。

此时，应将餐具洗净、包装，慎重地送给客人。

如果经理不同意，则另当别论。

一般的涉外餐厅，应多准备一些筷子，因为欧美的客人比较喜欢中国的筷子，可作礼物赠送给客人。

别以为这些微不足道，其实，优质服务正是在这些细节处理好的基础上，才能得以实现的。

赚钱餐厅的老板无一不是善于处理上述类似的疑难问题的。

$ 121. 演好自己的服务角色

在实际服务中，由于服务员长期以来，在服务活动中没有把自己放进角色中去，也就是说，由于服务人员缺乏服务意识，所以造成意识模糊概念不清。

尽管许多餐厅再三把客人当作"皇帝""上帝"，但是由于长时期把顾客与服务员的关系片面地看作平等关系，不承认自己处于被支配的地位。因而，服务员会有意无意把自己的情绪带给顾客。

今天心里不高兴，不仅反映在脸面上，而且对客人出言不逊、态度冷漠。

甚至有些服务员认为这是客观原因，天经地义。

但实际上，这说明了服务员没有演好自己的角色。

要从内心深处理解"客人就是上帝"，这样才可能使"上帝"真正感受到上帝的幸福惬意。

这就要求餐厅服务人员首先明白自己的服务角色。

所谓角色，就是演员在舞台上按剧情内容扮演的人物形象。

从社会心理学来讲，在社会这个大舞台上，每个社会成员都担当一定的角色，而每个角色都有一套与其角色所处的地位相对应的权利、义务和行为规范。

所谓服务角色，是指在服务的营销和接待服务的特定活动中，服务业的从业人员处于侍者、服从者的位置，从而规定了他们应有的行为规范。

由于明确了服务者是处于侍者、服从者的地位，所以，理所当然地对顾客坚持礼貌服务。

要多使用敬语等礼貌用语，坚持微笑服务，彬彬有礼，做到和颜悦色，笑脸相迎。

上岗时需站立服务，进入角色，抛弃一切不佳情绪，用特好的心理状态对待每一位宾客。

宾客感到服务员对他们处处给予关心、体贴、尊重，既满足了物质需要，更满足了精神的需要。

从而就产生了宾至如归之感，获得了完美享受，达到了高兴而来、满意而归。

只有明确了服务角色和服务地位，才能自觉地想方设法以满足宾客需要为己任，做到想客所想。

同时，还要在周到上下工夫，注重超前意识，满足顾客特殊需要，“未卜先知”，主动满足他们。

五、推销与促销10则

若要使商品畅销，就必须运用现代的推销与促销方法。

同样地，若想使餐馆赚钱，也必须善于推销和促销。

在传统的饮食行业中，是没有推销和促销活动的，即使人们在无意间偶尔为之，也不会意识到自己是在搞推销和促销。

时代毕竟不同了，人们的思想意识和经营理念也发生了极为深刻的变化。假如不能跟上商品经济发展的脚步，紧随潮流前进，就会被社会淘汰。

现在，坐在那里等待顾客上门的做法已经大大落后于时代，变得非常不合时宜了，代之而起的是主动进行推销和促销活动，吸引顾客上门。

但是，有很多人却不知道餐馆行业的推销与促销手段，即使是那些已经有多年餐饮业经验的人，恐怕也知之甚少。

有鉴于此，在本节中专门为你介绍了一些行之有效的方法，助你在推销和促销方面做得更为出色。

相信你读了之后，定会有所收获。

122. 注重招牌的推销功能

招牌是餐厅十分重要的推销工具。

招牌要大而醒目，使其可见性大，要让坐车经过的人远远就能看见。

晚上招牌要有灯光照明。

设计人要试验从马路的各个方向观察，并且还要在晚上观察，注意能否清楚地看见。

有一家餐厅生意不佳，饭店管理人员将餐厅的标志加大并避开挡住客人视线的阻碍物，在晚上加设灯光指示，结果，就餐客人增加了一倍。

因为很多人以前看不见餐厅的标志，就到别处就餐了。

常有的招牌有以下几种：

(2)直立式招牌

直立式招牌是在餐厅门口或门前竖立的带有餐厅名字的招牌。

这种招牌比贴在门上和门前的招牌更能吸引顾客。

直立式招牌可设计成各种形状，有竖立长方形、横列长方形、长圆形、四面体形等各种各样都行。

为增加可见度，招牌的正反两面或四面体的四面都应设计餐厅名称。

在餐厅门口设一块直立式招牌，既可增加餐厅名的可见度，使两边及正面往来的人都能远远看见。

同时，它不像门上招牌那样受篇幅的限制，而且在直立招牌上可设计图案。

一块精致的招牌，能起到点缀餐厅、加深对餐厅印象的作用。

(2)人物、动物造型招牌

有的餐厅别出心裁，以人物或动物的造型做招牌。

这种招牌具有较大的趣味性，能吸引人们的注意力。

同时，也可在这些招牌上列出餐厅的一些特色菜。

人物和动物的造型要明显地反映餐厅的经营风格，使人在远处就能看到前面是什么类型的餐厅。

餐饮店门口的人物、动物造型招牌，明显地活跃了店面的气氛，增加了餐饮店的情趣和韵味。

这类招牌多半用于具有轻松气氛的非正规的餐饮店中。

比如风味餐厅、酒吧等。

(3)霓虹灯、日光灯招牌

在晚间，霓虹灯和日光灯招牌能使餐厅明亮醒目，增加餐厅在晚间的可见度。

同时，这些招牌能营造热闹和欢快的气氛。

霓虹灯、日光灯招牌的设计要新颖、独具一格。

它们可以被设计成各种形状，采用多种颜色。

灯火巧妙地变色和闪烁能产生一种动态的感觉。比起一成不变的静态灯光来说，这种灯光更富有吸引力。

(4)壁式招牌

壁式招牌是贴在墙上的招牌。

一块不起眼的小小壁式招牌难以引起顾客的注意。

这类招牌由于贴在墙上，其可见度不如其他类型的招牌大。

要使这种招牌引起人们的注意，要设法将这种招牌从周围墙上突出来。

招牌的颜色要能形成醒目的对照，但又要与墙的颜色相协调。

同时，招牌的设计要具有独创性，不要只是枯燥的一行字。

壁式招牌有配合餐厅的主题的，有配上动物的雕刻的，有反映就餐气氛的图案的，从而使招牌生动地从墙上突出来。

(5)悬吊式招牌

悬吊式招牌是挂在餐厅门口的招牌。

悬吊式招牌挂得高，比较突出，并且一般都双面印有餐厅的名字，使两边往来的人们都能看见。

悬吊式招牌也不一定只印餐厅名，为吸引客人，要印上图案。

有的悬吊式招牌制作成厨师人像的造型，并印上餐具和食物的图案，使人光凭图案就知道是餐厅。

餐厅的招牌具有促销作用，餐厅的外观与橱窗也具有十分重要的促销功能。

餐厅的外观设计一定要美观。

门口和橱窗可种植或摆放花木、盆栽。四周要保持清洁卫生，哪怕是树木的叶子也不能沾尘土。

只有清洁的外观才能使客人产生良好的就餐心情。

在门前或橱窗上可以列出餐厅供应的特色菜及价格。

为了吸引追求实惠的顾客，餐厅不妨在外面列出价格，这样可以消除顾客的疑虑，使顾客安然地进入餐厅就餐。

一般非固定的客人是不愿去一家客人稀少的餐厅就餐的。

因此，要训练服务员将客人引到窗边的座位，这样，从外面看上去，似乎餐厅的生意很兴隆。

窗边的座位布置要讲究，可巧妙地放置一些花木盆栽，使人产生一种舒适感。

123. 利用店面广告推销

餐饮店为扩大影响，增加销售，也常常需要印制一些广告宣传品，利用这些店面广告进行促销。

一般来讲，餐饮店面各种推销广告的内容和外观设计要突出餐厅的经营风格，增加餐厅的情调，创造和强调餐厅的形象。

一家高级饭店总不能用一张普通的白纸，写上蹩脚的大字做广告，这样会破坏餐厅的情调与形象。

为了给餐厅树立鲜明的形象，餐厅的各种广告推销品要在形式上有一致性。

例如采用同一种字体，使用某一种特殊的颜色，出现某一种统一的图案，使这些广告突出和加深餐厅的形象，互相产生累积效应，使人远远一看便知是该餐厅的宣传品。

现代科学表明，制作精美的食品广告画会刺激人的右脑，激发起人的食欲。

因此，在店内的墙上、橱窗里布置一些招贴广告品，突出介绍餐厅提供的主要产品和特色菜，具有极大的促销作用。

这种宣传让顾客一目了然，可以吸引顾客到店内就餐并点菜。

有时餐厅会推出新鲜的时令菜，或在酷热的夏季推出清凉可口的新产品，但是销售效果却并不好。

究其原因是餐厅只将新产品编入了菜单，而没用漂亮的图案，在明显的位置张贴广告进行宣传。

这样，新产品根本突显不出来。

餐厅推出新产品可印刷成帐篷或广告卡立在餐桌上；或写成横幅标语挂在墙上，以招徕顾客。

当餐厅提供价格折扣或各种赠品、优待券进行促销时，要同时配合店面广告，这样才能吸引更多的顾客。

124. 利用食品本身促销

食品的展示是一种有效的推销形式。

它利用视觉效应，激起顾客的购买欲望和消费欲望，吸引客人进餐厅就餐，并且刺激客人追加点菜。

食品的展销一般有五种形式：

(1)原料展示推销

展示原料强调的是“鲜”“活”，要使顾客信服本餐厅使用的原料都是新鲜品。

一些餐厅在门口放水缸养一些鲜鱼活虾，任凭顾客挑选，然后厨师再按顾客的要求加工烹调。

由于顾客目睹原料的鲜活，容易对其产生满意感。

新加坡有一家独特的海鲜馆，该餐馆最独特的地方是没有菜单。

他们将新鲜的水产品收拾干净，搭配好配料，装在碟子里，任由顾客挑选。

顾客选好后，由厨师直接烹调。

这家餐馆虽然位于远离市中心的地段，但由于原料新鲜、推销方法独特，顾客纷纷慕名而来。

原料展示要注意视觉上的舒适性，否则会适得其反。

如一家新开业的广东餐馆，其供应的菜品中有蛇肉一类，在餐馆门口养两条大蛇，过路的人们见之远远避开。

蛇总给人一种阴冷的感觉，这样的原料展示就起不到推销作用。

(2)成品陈列推销

一些餐厅将烹调得十分美味的菜肴展示在陈列柜里。实物的展示往往胜于很多文字的描述。

顾客通过对产品的直观感受，很快便点完了菜。

但并不是所有的菜肴都可以作为成品来陈列的。

许多菜品烹调后经过放置会失去新鲜的颜色，这样的陈列会起到反作用。

甜点、沙拉陈列在玻璃冷柜中，推销效果较好。

另外，餐厅中陈列一些名酒也会增加酒水的销售机会。

(3)推车服务推销

许多餐厅服务员带着菜肴、点心，推车巡回于座位之间向客人推销。

推车推销的菜品多为价格不太昂贵且放置后质量不易下降的冷菜、点心等。

有时，客人点菜不够充分，但又怕再点等待时间过长。

这种情况下，推车服务既方便了客人，又增加了餐厅的盈利。

有时客人虽已点够了菜，但看到车上诱人的菜品，遂会产生再来一盘的追加选菜的购买行为。

车上的许多菜品不一定是客人非买不可的菜品，它属于冲动性购买商品。

客人若看不见这些菜品，不一定会有购买动机，但看见后，便可能冲动地产生购买动机和行为。

因而，这种推销方式是增加餐厅额外销售的有效措施。

(4)现场烹调展示推销

在客人面前表演烹调，会使客人产生兴趣，引起客人想品尝的心理。

现场烹调可减少食品烹调后的放置时间，使客人当场品尝其鲜美味道。

现场烹调还能利用食品烹调过程中散发出的香味和声音来刺激客人的食欲。

一些餐厅还别出心裁地让客人选择配料，按客人的意愿进行现场烹调，这样能满足客人口味不同的需要。

进行现场烹调推销时，要注意选择食品外观新鲜漂亮的菜品，烹调时无难闻气味、速度快的商品。

如煮、烧烤的菜品容易现场烹调。

另外，烹调的器具一定要清洁光亮，不能给人以一种不洁之感。

(5)餐具和食品摆设推销

餐具和食品的摆设可能增加食品的价格。

如在五星级饭店的咖啡厅内，一碗馄饨价格可卖上几十元。

之所以如此，除了餐厅的环境、气氛之外．这碗馄饨盛在精致的小汤碗内，下衬漂亮的餐垫和精致的衬碟，馄饨里有漂亮香菜、蘑菇等菜点缀，这碗馄饨的外形十分诱人，使它的价值倍增。

一种菜肴外观的好坏取决于三个因素：餐具、食品摆设和装饰等。

餐具是烘托食品外型和色彩的重要因素。餐具的质地、图案、颜色、形状和大小都会影响菜品的外观。

一份漂亮的菜肴盛在粗糙的餐具里是显不出美的。

餐具的选择要根据餐厅的层次和特点、餐厅供应的餐别、菜肴的特点、外型和数量等认真选购。

菜品不同的摆设方式能产生不同的外型，而不同的外型会使顾客对菜品的质量和价值的评估相异。

因此，食品的摆设必须讲究。

一般来讲，食品有四种摆设方法：

(1)标准摆设法

以普通的方法摆设食品，加少量的装饰菜点缀，增加色彩。

比如一碗面条，以标准方法摆设是将面条随意地盛在碗里，浇汤汁，上放三个中等大小的肉丸子，旁边饰上少许菜叶。

以这种方法摆上使人感觉到面条的数量、价值很普通。

(2)缩小量摆设法

同样数量、质量的食品，只要将食品安排得紧凑些，使其在碟子上所占的面积缩小，装饰性配菜极少或不同。

(3)扩大量摆设法

采用这种方法摆设，使同样量的食品占有尽可能大的面积，给人一种菜品量很多的感觉。这种摆设法使用得较多。

(4)艺术性摆设法

这种方法比扩大摆设法还要精心加工,创造一种美观的外形,往往需要较多质量高的装饰菜。

艺术性摆设在如今不断有新的发展。

文明的厨师犹如艺术家,将菜品摆设成各种美丽的外形。

比如孔雀形、凤凰形、松鼠形、花篮形等,这种摆设形式能增进客人的乐趣,提高食品的价格。

装饰菜是起点缀作用的菜品,主要是颜色鲜艳的蔬菜、水果。

装饰菜能增加色彩。如芹菜叶、西红柿、樱桃等,使菜肴色彩更加美观;

装饰菜还能改善食品的外形。

许多菜肴的外形若无装饰菜点缀就不能组成漂亮的图案;

装饰菜还能增加餐桌的气氛,许多食品可雕成美丽的形状。

例如胡萝卜刻成美丽的花,萝卜、辣椒等也能刻成各种诱人的形状。

这些食雕不仅点缀菜肴,还可点缀餐桌和餐厅,使就餐气氛更加活跃。

另外,装饰菜还能使餐饮产品增值。

菜品和饮料在装饰菜的点缀下,改善了外观,增加了趣味,使产品在客人心目中的价值提高。

由此可见,餐厅的里里外外都可能成为促销的工具,你若有心发现,加以利用,定可大发其财。

125. 利用“特殊活动”推销

餐厅出于销售上的需要,要增加餐厅和食品的吸引力以招徕顾客。餐厅可根据目标顾客的特殊爱好,在不同的场合,举办多种类型的特殊推销活动。

(1)节日特殊推销活动

节日是人们愿意庆祝和娱乐的时光,是餐厅举办特殊推销活动的大好时机。

在节日做餐饮推销,需要将餐厅装饰起来,烘托出节日气氛。

并且,餐饮管理人员要结合各地区民族风俗的节日传统,组织推销活动,使顾客感到新鲜、欢愉。

在一年的各种节日里,如春节、国庆节、情人节、中秋节等,都可举办各种活动。

新加坡皇冠太子酒店,在圣诞节与元旦期间,都要组织推出各种丰富多彩的特殊的推销活动。

下面是其中一例：

过一个璀璨难忘的圣诞

无论是二人共度一个柔情蜜意的甜美圣诞，还是亲朋友人相聚一堂同庆佳节，皇冠太子大酒店，都能使您的圣诞过得多姿多彩！

引人垂涎的低价丰肴美饮，让您大享口福，圣诞佳音团的美妙歌声，会带给您无限的温馨喜悦。

还特备风味独特的“圣诞鸡尾酒”，一种由杜松子酒、香蕉酒、柠檬汁、柚汁及红毛榴莲汁调制而成的绝美佳酒，盛装在蜡烛形的精美瓷杯中，每份仅仅收费＄15。

圣诞前夕与新年除夕，欢乐节日美味自助午餐

＄18 每位成人

＄12 每位 12 岁以下儿童

中午 12:00～下午 2:30

欢乐节日丰美自助晚餐包括一杯免费饮品及派对礼品免费赠送

＄35 每位成人

＄20 每位 12 岁以下儿童

晚上 6:45～10:30

特备点菜式菜单

晚上 6:45～凌晨 3:00

圣诞日与元旦日

多姿多彩的传统国际自助餐，包括气球与派对礼品免费送给孩童

圣诞日午餐时间还有圣诞老人光临助兴。

＄22 每位成人

＄15 每位 12 岁以下儿童

午餐：中午 12:00～下午 2:30

晚餐：晚上 7:00～10:00

佳节粥品宵夜

＄9.50 每人

晚上 11:00～凌晨 3:00

圣诞前夕与新年除夕来自菲律宾的歌手将做精彩献唱

＄25 每人，包括一杯“圣诞鸡尾酒”或一杯普通酒类（或饮品）。接下来的饮

品将照原价收费。

晚上8:00～凌晨3:00 圣诞歌曲颂唱

12月19日～24日，将有圣诞老人在酒店大厅出现助兴

12月19下午6:30～7:15

Santa Maria 佳音团

12月20日下午6:30～7:15

Saint Michael 合唱团

12月21日下午6:30～7:15

Santa Maria 佳音团

下午7:30～8:00 皇冠太子歌咏队

12月22日下午6:30～7:15

Saint Michael 合唱团

下午7:30～8:00 皇冠太子歌咏队

12月23日下午6:30～7:15

Sahta Maria 佳音团

下午7:30～8:00 皇冠太子歌咏队

12月24日下午6:30～7:15

Santa Maria 佳音团

皇冠太子酒店通过这种丰富多彩的活动，达到了很好的促销目的。

(2)清淡时段推销活动

餐厅为增加清淡时段的客源和提高座位周转率，可在这段时间举办各种推销活动。

有些餐厅将清淡时段的推销活动称作“快活时光”活动。

在这段时间中，对饮料可进行“买一送一”的销售，搞各种演出等等。

有一个酒店在这段时间中，让客人以转盘抽取幸运吧座，坐在这个吧座上的人可免费喝一杯饮料。

新加坡的文化大酒店在下午3:00～6:00这段餐饮清淡时段推出下午茶点，并以时装表演吸引客人光顾。

(3)季节性推销活动

餐厅可以在不同的季节中进行多种推销，这种推销可根据顾客在不同季节中的就餐习惯和在不同季节上市的新鲜原料来计划。最常见的季节性推销是时

令菜的推销。

同时，许多餐厅根据人们在不同季节的气候条件下产生的不同就餐偏好和习惯，在酷热的夏天推出清凉菜、清淡菜，在严寒的冬天推出砂锅、火锅系列菜及辛辣菜等。

抓住“特殊推销”活动的时机，同时也要注重特殊推销活动类别的多样化，以便吸引客人。

为使顾客欢乐，餐厅可以聘请专业文艺团体和艺人来演出。

也可以办些书法表演、国画展览、古董陈列等。

为活跃餐厅气氛、吸引客人，餐厅还可以举办一些娱乐活动。

例如猜迷、抽奖等。

台湾一家餐馆举办钓水球、捞鱼等游戏，吸引了很多顾客光顾。

新加坡文汉酒店配备了多种有趣的游乐器械，举行魔术表演、放映卡通片等，吸引很多客人前来消费。

餐厅也可以利用顾客追求实惠的心理进行折价推销、奉送礼品等活动。

例如某餐厅在情人节的当周，对光顾餐厅的情侣免费赠送巧克为。

又有一个餐馆提出，凡在本餐馆订一份乳猪的客人，下次来就餐可免费赠送一份乳猪。

另有一个餐馆在元旦节午餐时，推出“每人 17 元无限制点菜”的推销活动，使这个阶段一向清淡的餐馆座无虚席。

利用特殊活动进行推销是一种好的营销方式。

为了更好地实现推销的预期目的，在举办推销活动时，要做到：

(1)新闻性

餐厅举办的活动要尽量具有新闻价值，产生话题。

具有新闻的轰动效果，引起新闻界的注意和兴趣，以便间接地带动顾客。

(2)新潮性

餐厅组织的推销活动要有时代气息，陈词滥调的老一套很难吸引客人。

不仅不能满足顾客的心理需要，有时还令顾客生厌，这就适得其反了。

(3)好奇性

推销活动要以“奇”取胜。

台北有家餐馆举办新奇的“说鬼故事比赛”的推销活动，居然吸引了很多客人，还得到了新闻界的报道。

(4)视觉性

据测试,通过人的感觉器官所获得的讯息中有70%是通过视觉得来的,可见眼睛在传递信息中的重要作用。

举办推销活动时,要将餐厅的活动主题突出和装饰起来,推销活动要做得多姿多彩,布置要美观诱人。

(5)参与性

歌星演唱、钢琴演奏往往不如具有参与性的卡拉OK更具吸引力。

有客人参与的活动更有利于活跃就餐气氛,也更有利于促销。

126. 每一个服务员都是无形的推销员

坐落在北京北海公园内的仿膳饭店,是以经营宫廷风味为特色的老字号。

这家饭庄成功的秘诀之一是注重提高服务员的推销技艺。

饭店经营者要求餐厅服务员了解国内外各地的风俗习惯、饭菜口味,做到有针对性地服务,要做到使每位到仿膳用餐的宾客都感到满意。

如接待日本、西欧商社的宾客时,推荐菜品的做法是:由高档向低档介绍,既让宾客吃到人人皆知的“小窝头”“圆梦烧饼”,也让客人品尝到皇宫里的山珍海味。

面对普通顾客、工薪阶层客人,服务员就由低档向高档介绍菜单,由“小窝头”到山珍海味,使客人自由选择,不失面子。

另外,餐厅员工的形象具有重要的推销价值。

一般来讲,餐厅员工的形象由两部分塑成,即着装和外表。

服务员清新的工作服不但会塑造良好的个人形象,而且还会强化餐厅形象。

所以,服务员着装必须做到:

(1)清洁整齐

清洁整齐反映服务员的精神面貌和餐厅服务的严格性。

工作服如果穿戴得不整齐会破坏餐饮业的形象。

(2)强化形象

服务员的服装要能强化而不是削弱餐厅的形象。

西式快餐店可选用简单的青年时装(T恤衫、牛仔裤)作工作服。

古典情调的中餐厅服务员可穿旗袍,西餐厅服务员可穿西装、扎领结。

(3)统一感

统一的服装显得整齐,并能体现餐厅的团队精神和合作精神。

但是不同部门、岗位与职务的员工其服装应有差别。

(4)推销性

工作服可作为推销媒介,可印上餐厅商标和店名。

工作服上要戴上员工的名牌。名牌上印着员工的照片、姓名和编号,可以培养员工的责任心和荣誉感。

同时,服务员也要注意自己的外表和形象美。

除着装整齐外,头发要梳理整齐,皮鞋要擦亮。

服务小姐要化淡妆,不要珠光宝气,佩戴过多的首饰。

127. 利用积极服务法推销

餐厅服务员在餐厅中服务就像在舞台上演出,他们的一举一动都反映了餐厅的形象,影响到顾客的用餐。

优秀的服务员不能只是消极地服务,而是要进行积极服务,要树立推销意识,掌握推销技巧。

(1)主动招呼

主动招呼对招徕顾客具有很大意义。

比如有的顾客走近餐厅,环视一下餐厅四周就转身去了。

这时,如果有服务员主动上前招呼"欢迎光临",同时引客入座,顾客即使对餐厅环境不十分满意也不会退出。

有的顾客走近餐厅,正要打量餐厅考虑是否选此餐厅就餐时,如果有服务员主动前去打招呼,他就不好意思退出了。

可见,主动打招呼对能否吸引顾客起到很大的作用。

当然,主动打招呼不等于硬拉。

有家火车站附近的小餐馆,专在门口设一个妖艳女郎,硬拉住过路人进去就餐,弄得顾客很反感,反而避而远之。

(2)学会微笑

被誉为"旅馆大王"的希尔顿,对微笑的真谛和价值体会颇深。

他说:"如果我的旅馆只有一流的设备,而没有一流服务员的微笑的话,那就像一家永不见阳光的旅馆,又有何情趣可言呢?"

微笑代表着友善、礼貌、温馨。

它虽然不能给人以任何物质上的东西,但却给领受者一种无限的舒畅感。

一个微笑能拉近人与人之间的距离，因此服务员必须学会微笑。

(3)熟悉菜品、适时介绍

负责订菜的服务员要熟悉菜单上每一个菜品，熟悉各种菜品的配料，以及它的烹调方法和味道。

在给客人呈上菜单后，服务员应稍后退几步，请客人选菜。

客人看到一些不熟悉的异国菜或想了解菜品的特点时，要主动上前介绍菜品，并判断客人的特点，推荐一些相应的菜品和饮料。

菜品的介绍要能带动顾客的购买心理。

服务员在向客人介绍菜时，除了介绍菜品和配料外，还要强调菜品的烹调特点，使客人产生想品尝的欲望。

如果菜品外带些典故和来历，服务员一定要结合菜名的典故，做有声有色的介绍，以引起顾客的兴趣。

(4)菜品的介绍要有针对性

菜品的介绍不仅要有趣味性，还应具有针对性。

要根据顾客的特点和心理来推荐。

如果老年人嫌蔬菜嚼不动，可以向他们推荐和介绍“炸得很酥的油焖茄子”。

西餐厅服务员要熟悉什么主菜配什么酒水，以根据客人的特点来推荐。

一般餐饮饭店有三种销售类型：

(1)自动销售。

顾客主动上门要求点菜，服务员被动地接受。

(2)提高层次销售

顾客对产品的选择不是完全理智的，往往通过服务员的推荐和介绍而改点高质高价菜和饮料。

(3)制造性销售

顾客本来没有想(或犹豫)购买时，服务员略加推销，顾客就购买了产品。这样的推荐需要一定的技巧。

有时只要服务员略施小技就会增加餐饮销售。

在客人宴请时，服务员要注意将酒瓶中最后一杯酒斟在主人的杯里，顺便问主人是否再来一瓶。

在推销饮料产品时，注意不要以“是”与“否”的问句提问。

不要问“先生，您要饮料吗？”，而要问“先生，您要什么饮料？”

这样客人多半会要饮料的。

128. 以“报刊拉客”替代“女色拉客”

前不久，某报刊载了一条“报刊拉客”击败“女色拉客”的新闻。

意思是某地车站外“拉客女”遍布，生拉硬拽地让旅客上她们的旅馆、饭店去住宿，还真逮到了不少生意。

可后来，车站外出现了一些手执报刊、颇有礼貌的旅店员工，同样是拉客，“角度”却很独特，“上我们那儿住去吧，我们订有各种报纸杂志，免费提供信息服务。”

此举引得旅客们纷纷前往，“拉客女”生意大跌。

“报刊拉客”，听起来好像很玄乎，但仔细一想，便感到这个点子巧妙。

如今是信息时代，信息是事物的核心，是成功的钥匙。

谁掌握的信息多，知道得细，谁就有把握取胜。

而现代的公民也意识到了这一点，意识到信息的价值。

住进饭店，安顿下来后，随手拿过一份报刊，轻松地阅读，既得到了信息，精神上也很松弛、惬意。

所以，“报刊拉客”击败“女色拉客”就不足为奇了。

129. 值得打的“信息牌”

如今，几乎人人都意识到了信息的重要和必要。

于是，在餐饮业竞争激烈的状况下，不少老板打出“信息牌”招徕顾客。

国外的一些餐厅旅店的桌案茶几，有的竟用特制的“一次性报纸”做铺面。

国内的一些老板显然也意识到此处有文章可做，纷纷仿效。

例如，福建泉州的建福大厦推出了“新闻早茶”特色经营。

在这里，每位顾客只需花上十几块钱，就可悠闲自得地品茶、看报、吃自助餐。

大厅的醒目处设有大屏幕彩电，连续播放早间新闻、股市行情等。

“新闻早茶”迎合了当今一部分素质较高的工商界、知识界顾客的心理需求，巧妙地集市场活动、信息传递、休闲用餐于一体，颇得消费者青睐。

有人说，上帝创造人类时，让每个人都有两只眼睛、两只耳朵、一张嘴巴，就是希望大家多看、多听、多传递信息。

既然日渐跻身于“信息社会现代人”行列的芸芸众生们已越来越离不开信息的传播，那么，你何不“报刊拉客”“抛砖引玉”，打出一张信息牌呢？

130. 利用“意见领袖”促销

日本东京有一家不起眼的小肉站“山田肉店”。

它的周围装潢豪华、实力雄厚的超级市场和大商店鳞次栉比，使这家小店不可避免地处于竞争劣势。尽管这家小店的商品物美价廉，而且服务周到。

但是，山田却想了一个办法，利用“意见领袖”来影响普通大众的消费心理。

此法果然奏效。

他的具体做法是：

一次，山田出席宴会。

当服务员来问喝什么酒时，彼此素不相识的同座中，有位提议“喝啤酒”，结果大家都一致同意。

这一偶然事件，使山田受到启发：这不是“意见领袖”吗？如果充分利用这种“意见领袖”的口头传递……

一个摆脱困境的构想，在他的脑海中形成了。

于是，山田开始物色“意见领袖”。

他从来肉店购肉的主妇中，选择了一些交际广、知识丰富又爱说话的人，通过各种优惠方法，使她们心甘情愿地充当其肉店的义务宣传员、“活广告”。

得到实惠的“意见领袖”们在串门闲聊中，都异口同声地称赞山田肉店的肉新鲜、斤两足、价钱公道、服务态度好，宣传“我要买肉必去山田肉店”！

很好，“意见领袖”们的宣传奏效了：山田肉店的名声在东京的主妇中传开了，销售额不断上升。

山田肉店在超级市场和大肉店的包围中脱颖而出，成为竞争中的赢家。

几年后，山田肉店便发展成为有名的山田肉类公司了。

在现实社会生活和工作中，总有一些人由于其见识、交际能力等因素受到大家的尊重，对他们的意见、建议，普通的大众一般都能采纳。

山田就是利用这种心理现象来影响顾客的消费心理的。

131. 利用“口碑”促销

日本三井公司总经理田成彬，常为人题写“德是根本，财是末端”八个大字。

它高度概括了池田成彬多年经商的成功经验。

现代公关创始人艾维·李也曾把企业利益同公众利益相一致作为公关工作的四大原则之首。

由此可见,注重商德是非常重要的,商德好,口碑才会好。

现代市场经济是商品经济发展的高级阶段,它首先彻底改变了"独家经营、别无他店"的局面。

买方市场为消费者提供了极大的随意选购的时间和空间。

如果购买者认为上当受骗,甚至没有受到及时周到的服务就会终止其购买,而且下次很难再光顾你的店。

日立公司广告科长和田可一早在60年代就指出:"在现代社会里,消费者就是至高无上的王,没有一个商家胆敢蔑视消费者的意志,蔑视消费者,一切产品就会卖不出去。如果没有消费者的存在,企业的生命就会终结。"

因此,一家饭店、餐厅的商德的建设是十分重要的。

有的经营者认为,反正买卖对象多,每个被我骗一次,我就发财了。

殊不知,消费者之间的"信息传递"以及社会新闻界对商家所产生的重大作用是不可忽视的。

坏的口碑,足以毁掉一个企业。

所以,善于经营的商家,无不注重自己的形象,努力在消费者中间创造自己良好的口碑传播。

可口可乐等几家大型饮料公司,经常在美国大学校园的广场中央,摆上桌椅,为过往的学生免费发放午餐,有热狗,可乐、土豆片、冰淇淋等。

他们的发放手续简单,只要签个名就行,供公司统计发放人数用。

可口可乐公司为什么这样做?

这貌似简单的"免费午餐",蕴藏着创新独特的营销战略。

这些公司从学生上大学起,就着手在这些学生心中进行自己的形象培养、口碑建设。

毕业时,学生对"免费午餐"中的饮料和食品已情有独钟,形成嗜好。

这一定型的饮食习惯,对走上社会后的学生,形成挡不住的诱惑,足令其终生难忘。

可想而知,尽管日后面对琳琅满目的各种饮料,他们难免会"任凭弱水三千,我只取一瓢饮"。

可见,口碑的建立是多么重要!

六、经营谋略 11 则

各行各业都有其特殊的经营方法和技巧，餐饮业当然也不例外。

比如，餐饮经营者如何提高自己餐馆的回转率，怎样更有效地吸引众多的客人前来就餐，等等。这些问题都涉及具体的经营谋略的运用方法。

别轻看一些小的方法和技巧，它可以为你带来大的财源。

有不少餐馆老板之所以不赚钱，倒并不是在别的方面做得比人差，而是因为不懂经营的谋略。

所以，奉劝老板们拓宽视野，打开思路，多学一些具体的经营技巧。

132. 必须顾全大局

经常听到一些餐馆的老板说：“那些客人真是古怪。一看到他们那种样子，就让人生气。”

这样说的人，恰恰都是那些不赚钱或赚钱少的老板。

如果只是在背地里这样说，而见到客人时仍然能够笑脸迎送，这样的老板可以说是聪明人。

然而，事实上有很多老板根本做不到这一点，不仅这样想，这样说，而且也会在行动上表现出来。

其实，这是一种非常不明智的做法。结果只能是得罪顾客，断绝财源。

我认识一位赚钱的餐馆的老板，口头上经常挂着这么一句话：“客人总是对的。”

“客人总是对的”，虽然只是短短几个字，然而却道破了经营餐馆的一大秘诀。

没有这种经营意识的人，就别想赚钱。

的确，在顾客中间也有一些心怀恶意的人存在，但是，这种人毕竟只是少数。

即使对于上述这类人，也不能冷言恶语相加，而应当温和对待。因为如果你不这样做，就会影响其他顾客对餐馆的看法，使人感到此处不可去。

绝不能让"一只老鼠坏了一锅汤",而应顾全大局。

实际上,在大多数情况下,有些客人心有不满,提出意见,也并不是怀有恶意,而是说出了一些正确的看法,这有助于餐馆改正自己的缺点。

想让自己的餐馆赚钱,就不能忘记顾全大局的经营信条。

133. 提供"吃"以外的东西

把吃上升为一种文化的餐馆经营者,就能够赚钱。

拿广东人来说吧,他们以吃闻名,人们常说的一句话就是"吃在广东"。

把"吃"上升到了文化的高度,的确是广东人的一大贡献。

正因如此,广东菜才会名闻天下,广东餐馆才会赚钱。

在许多人看来,吃就是吃,只需要张开大嘴往肚子里填东西就可以了,哪里又有什么文化可言呢?

这种想法,实在太浅薄了。持有这种观念的人,本就不应当选择开餐馆,因为他根本赚不到钱。

一家餐馆老板曾断言:"顾客来我这里,当然是为了吃饱肚子。因此,我只要能够满足他们这一点,就能赚到钱。我为什么要关心那么多的事呢?"结果不言自明,他的餐馆一定不景气。

虽然是为了吃饱肚子而来,可是,这一目的无论到哪家餐馆都能达到,为什么非得选择你的呢?

其中的道理就在于:哪一家餐馆有情调,能够提供"吃"以外的东西,人们就愿意到哪一家去。

要知道,如果只是为顾客提供食物的话,人们就会越来越不满意,因而也就不再光顾你的餐馆了。

当今社会,人们更需要心灵上的满足,也就是需要深层次的文化的满足。忽视了这一点,餐馆就别想赚钱。

134. 以"和"求财,以"忍"聚财

中国人自古以来就崇尚一句话:和为贵,忍为高。

的确,无论做什么事情,都应当注意"和""忍"二字。

做生意讲究的是“和气生财”，尤其是对于经营餐馆的人来说，更是如此。

开餐馆必须每天与人打交道，自然就会产生摩擦和“气”，对此，如果不忍一下的话，怎么能行呢？

和人吵架或大打出手，不仅会伤害身心，对健康无益，更重要的，这会影响自己的声誉和生意。

对于那些有意挑衅的难缠客人，无论老板还是服务小姐，都会感到非常气恼。但是，一定不要意气用事，不可大吵大骂，这会影响财源的。

对于不友好的客人，应当多忍让一些，只要你能做得适度，相信这类客人也会知难而退的。

对于那些友好的客人，就更应当坚持“和为贵”了。万一客人有个言差语错，也不要得理不饶人。

因此，餐馆的所有人员都应有一定的涵养和气度才行。既然干的是餐馆这行，就要在这方面多锻炼自己。

总之，开餐馆必须坚持以“和”求财，以“忍”聚财的原则，才能获得源源不断的财源。

135. 采购原料的要点

餐馆在购买原料时，应当“小气”一些为好。

这是经营良好的一大保障。

购买的原料一送过来，马上就得称重量。餐厅采购时一定要用重量来做单位，而且一定要指明种类、规格。成本意识就是在这些方面建立起来的，这些做法都是降低成本的必要手段。

许多餐厅不知称重量及验收的重要性，材料送来时，往往大意地丢下一句话：“就放在这儿吧。”

比如猪排，除了称重量，数块数（如订了 50 块，却送来 55 块，则一定要退掉多送来的 5 块）之外，还要检查品质，如新鲜度、厚薄等方面。假如猪排脂肪过多，不合规定，则应退货。

即使与供货商的关系不错，也一定要将货物当面点清数量、重量等。好朋友还明算账呢，更何况这种买卖上的关系？

如果不这样做的话，一旦货物的数量不够或质量不好，你也没有办法了，只能是“暗气暗憋”了。

唯高博士名人介绍

张敏杰

广州唯高餐饮咨询管理公司总经理

姓名:张敏杰

性别:男

出生年月:1962年7月

户籍所在:广东省广州市

现任职务:广州市唯高餐饮策划咨询公司总经理

教育背景:

1974年-1977年　就读于广东省广州市第四中学

1982年-1986年　就读于广东省广州市中等专业技校

2002年　就读于中山大学岭南学院MBA课程

专业职称:

1984年　获粤菜二级厨师职称

1985年　获粤菜一级厨师职称

工作经历:

1978年-1982年　入职广州市矿泉别墅

1988年-1990年　任陕西省西安宾馆粤菜行政总厨

1990年-1994年　任广州市黄浦酒店餐饮部经理

1994年-1996年　任广州市天天渔港总经理

1996年-1997年　任湖南湘潭金豪大酒店总经理

1997年-1998年　任广州市华安大酒店总经理

1998年-1999年　任广州市南海城酒楼总经理

1999年-2000年　任上海金粤渔村投资管理有限公司总经理

2000年-2002年　任上海金粤渔村投资管理有限公司副总裁

2002年至今　任广州市唯高餐饮策划咨询管理公司总经理

唯高博士名店介绍

广州唯高餐饮咨询策划管理公司

公司经营理念 Corporate Philosophy

公司创立之宗旨是结合经验丰富、培训俱佳之专业人士,共同付出心力为休闲产业提升人力资源,增加管理效率以及创造竞争优势,给予企业的生命力添加多一份附加价值。

将这一群专业人士聚集在一起的核心价值观(Core Values)是:

◘**资源整合(Integration)**:我们相信个人单打独斗的时代已过,行业间之资源整合及信息共享才是未来经营主流。

◘**以人为本(People Focus)**:我们相信人不再仅是财务报表上的变动费用。人更是企业内值得投资的重要资产。

◘**开发创意(Innovation)**:我们相信个人与企业要不断学习与成长。由此来打破旧有的思维、激发无限的创意。

我们的服务项目

我们提供整套专业服务可分为4个阶段

(一)为投资人提供餐馆投资前期完整的市场调查及可行性研究分析

(二)为投资人提供餐馆开业前的整体规划与技术支援和筹备管理

(三)为投资人提供餐馆开业后之运营管理和市场推广

(四)不良企业的经营管理诊断、改革与重组有时候，会出现货物短斤少两的现象。如购买量为 100 公斤，货单上写的也是 100 公斤，但一称重量却只有 90 公斤。

碰上这种情况，应请其主管或老板当面再称，并要求对方保证，以后再也不会出现类似的情况。

餐厅老板不要每次都怀疑别人会偷工减料、缺斤少两，而是应当踏踏实实地去称原料的重量，把验收工作作为"例行公事"之一。

这样，也会使每位员工都在"称"的原则下，建立信用观念。

而且，这也会使供货方认真地供应好一切原料。

所谓"买卖算分，相请勿论"，材料验收决不可轻率从事。

我们说"小气"可以赚钱，但有些时候，却不可小气。

例如，虽然餐厅的桌子、椅子可以不必追求豪华、气派，但其却绝对不能破损。哪怕只是角上破损也不行。

还有，餐厅的碗、碟破裂之后，即使还能凑合着用，也应马上丢弃，以免造成不良后果，否则，这会使客人深感不快，影响客人的食欲，从而减少前来就餐的人。而且，这些破裂的餐具还可能划伤员工。

136. 运用"蜜蜂式经营"方法

这主要是针对一些小餐馆而言的。

所谓"蜜蜂式经营"方法，就是指小餐馆的经营者，必须不辞劳苦地外出推销，才能提高业绩。

如餐馆所在地的中、小学生举行运动会或是庙会活动、游园活动等等，均是开拓生意的大好时机，切不可错过。这就要求餐馆经营者平时便得留意这些消息。

有些小餐馆甚至中高档餐馆也做盒饭或外卖，但往往只是应客人上门订购而做，并没有采取主动。

其实，单单是在店内陈列盒饭样本，并贴海报做说明，就会使上门的一些客人注意到，因而可能会在需要时订购。如此便可收到促销的效果。

若得知当地的中、小学生召开运动会，则可事先做好策划，抢先推出盒饭，并携带商品上门推销，采取抢先预订。

对某些社团中的重要人物，如校长、厂长等，平时就应与之搞好关系，建立起良好的友谊。这样，在你推销时便可收到事半功倍的效果。

总之，餐馆必须主动出击，创造财源。

如某大学附近的恒祥酒家，生意就特别好。这就是由于它充分发挥了积极主动的推销精神。

该餐馆除了平时到学校宿舍区卖盒饭、预订盒饭，还利用下午3点到5点客人较少的时间，与就餐顾客边喝饮料边聊天，积极收集客人的意见和建议。

这家餐馆的盒饭外卖生意特别好，盒饭也因季节而变化品种。冬季，盒饭里装的是热炒菜，其中肉炒菜居多，当打开饭盒时，热气腾腾；夏天，盒饭里多装凉菜，菜以素的为主，另外添些凉肉。

它的盒饭也因服务对象不同而各具特色。对工厂里的职工的盒饭，味道就加重些，因为职工从事的是体力劳动，而对于提供给学生的盒饭，味道则较淡，夏天尤其淡。

而且，在不同的传统节日来临时，它又推出特殊的盒饭。如农历5月5日，推出“纪念屈原”盒饭，9月9日则又推出“登高”盒饭等。

由此可知，餐饮业的经营——尤其是小餐馆的经营一定不能坐等客人上门，而要采用“蜜蜂式经营”的方法，拿出积极主动的推销活动。

137. 如何提高回转率

所谓“回转率”，就是一张餐椅上客流量的大小。换句话说，也就是前面所说的“椅子的生产力”。

要提高回转率，餐厅的上菜速度快是必不可少的。

午餐和晚餐时间都是生意高峰期，客人会在同一时间一起涌来。因此，如何提高这一段时间的回转率，就成为餐馆经营中非常关键的问题了。

客满时，服务人员应对未就座的客人打招呼：“请稍等一下。”安排他等待，同时再安排吃完的客人快速离去。

有些客人吃完饭，常常在那里畅谈不休，服务人员不厌其烦地上前为他们添加茶水，便可以趁机打断客人的谈话，这也是一种技巧。因为添加茶水两、三次后，客人一定会自觉不好意思而离去的。

服务员也可在添加茶水的时候顺便问一声“要不要再添些什么”之类的话，给客人以委婉的提示。

使客人在生意高峰期快快离去是非常必要的，但是，餐厅绝不可为提高回转率而赶走客人，或服务态度不佳，这会使客人产生强烈的反感。

因此，餐饮经营者应当用头脑和技巧使客人尽快离去，并且是让他们心甘情愿、毫无怨言地离去。

138. 招呼客人的技巧

菲律宾的服务业十分发达，闻名世界。它之所以会如此发达，就在于其服务对客人有效发动了感情攻势。

餐饮业是服务行业中的龙头老大，因而对客人发动感情攻势便成为赚钱餐馆老板的一大经营秘诀。

对客人发动感情攻势的方法多，在这里，先谈一谈其在打招呼时运用的方法。

对服务业来说，打招呼很重要。

摆地摊的小贩大声招呼，客人便会闻声前来。

日本的啤酒店，便以扩音器来招呼客人，客人一进来，大家齐声向他打招呼，这会使客人产生受宠若惊之感，客人走时，也会向其鞠躬道谢。

这被日本人称为"青蛙商法"，即指一蛙带头鸣叫，其他青蛙也会跟着鸣叫，形成一片此起彼落的蛙鸣，使人顿时感到一片春意盎然，好不热闹。当然，运用这种"青蛙商法"也应当讲究场合，那些重视气氛和情侣谈情说爱的餐厅，则千万别用这种方法。

中午时间，老板先站出来大声欢迎客人，老板打完招呼，员工接着跟进，会使整个店的气氛活泼而充满人情味。

在招呼客人上，日本老板的做法不妨借来一试。

139. 发一发客人的感情财

感情的确可以卖钱。

有一位刘姓老板就借助于这种方法大发了一笔"感情财"。

刘老板的饭庄后面是一座郁郁葱葱的山峦，林木繁茂，鸟语花香，吸引着无数游客和观光者。

然而，前几年却不是这个样子。

那时，他的饭庄背着荒山，地处偏僻，风景不好，所以没有人来。

刘老板为此愁眉不展。

他常常望着这秃山深思：怎么才能吸引来客人？

——那必须先绿化山峦。

可是，靠我一个人种上花，栽上树，能够把这环境变好吗？

不行，得雇人干。但这得花多少钱呢？而且，效益也不是马上就能看到的。

一天，他忽然想出一个灵丹妙计，准备在报纸上登载广告，让众多的食客们来种纪念树。

刘老板的广告，引起了从未有过的强烈反响。

生活在都市中的人们，成天与废气、噪音为伍，多么渴望与大自然交流！植树种草，净化空气，回忆家乡童年，仿佛整个身心都由此净化了。

刘老板正是抓住了人们的这种对往事、对大自然的感情，才捕捉到灵感，想出了这绝妙的点子。

人们纷纷慕名而来，买了花木苗，租了各种工具，到秃山挖坑种树、浇水、培土、护理。

人们都有意识地把这个过程拖得长长的。隔一段时间，大家又回到这里，为小树浇水施肥，一年要来好多次。

这可不是一般的花木。游客们在它们身上寄托有爱情、婚恋、长寿、平安、健康成长等许多的愿望。

等树、花长大了，或是几周年时，他们都到这里来作纪念，开庆祝会，郊游，野餐，拍照片，举行各种各样的活动。大家都说这里的风景实在太美了。

小孩子们都来看与自己同长的树已经有多高了，来看爸爸妈妈、爷爷奶奶种下的参天大树，来看自己出生前父母的“定情树”……

聪明的刘老板抓住了客人的心理，将所有顾客的姓名、地址、联系电话、年龄、性别、栽了多少树，栽树时所寄托的心愿、时间及树木种类，编订成册。他还定期将客人的花、树的现状写信告诉顾客。

刘老板成了每个客人的朋友。

千万不要小看刘老板的这个点子。他不仅使每一个客人都成了饭店的回头客，还能靠这些顾客不断介绍其他人前来。

就这样，游客一天比一天多，一年比一年多，每天都顾客盈门，刘老板的业务便迅速扩大，他便又在山的周围开了八家连锁店，分散客流。

刘老板仅靠净收植树费便获得高达几十万元的利润，饭店的业务收入更是超过了 100 万元。

另外，他还收获了许多用钱无法衡量的东西。

就这样，刘老板大发了客人的感情财。

140. 创造独特的餐厅标志

成功的餐厅都有自己显著的特征和特色，特色既是一家餐厅区别于其他餐厅的标志，也是占领市场的通行证。

因为，成功的餐厅经营者往往很注意把自己的餐厅办得有特色，特征突出，创造了独特的餐厅标志。

世界快餐之王“麦当劳”就很注重企业的形象特征。

麦当劳以红底黄色的“M”树立了四十多年，色彩艳丽的麦克唐纳小丑形象更是家喻户晓。

而“KFC”和肯德基家乡鸡快餐体系的创始人——和蔼可亲的老人山德士上校则成为每个肯德基餐厅的重要标志。

全球性的统一风格和独特的标志，使麦当劳和肯德基无论在全球的哪一个地方，都会被人认出。

141. 充分发挥奇思妙想

充分发挥奇思妙想，也是经营餐厅的一个成功秘诀。

有这样一则故事。

西欧有一个人想开家餐馆，却又不想与人雷同。

他是那种有独创性思维和奇妙点子的人。他认识到：独特、新奇才能赚钱。

因为独特、新奇容易引起人们的好奇心，好奇心则会引来无数顾客，顾客来了，他当然可以赚钱。

因此，他不想让自己的餐馆成为普通餐馆海洋中的一滴海水，那是没有前途的。

这时，正值当地一家飞机场处理一架旧飞机，准备将它拆散卖废铁。——这当中有没有什么可以利用的？

有！

他想了个十分独特巧妙的点子。他与飞机厂接洽，以很低的价格买下了这驾旧飞机，然后油漆一遍，使之崭新如初。他又建了个高台，把飞机高高地挂在上面——从地面上看，就像在空中飞似的。

他就在飞机上开了个餐馆！

这个独特的飞机餐馆吸引来了无数顾客，人们都怀着极大的好奇心前来，有来参观旅游的，有来吃吃飞机餐馆的饭菜究竟与别处有何不同的，有从未坐过飞机的，有喜欢独特个性的……滚滚的人潮带来了滚滚的财源。

$ 142. 抓住人们的好奇心

想经营餐馆的好点子，最好能抓住人们的好奇心。

否则，这种点子就不是好点子。

青岛有一家餐馆因为使用了一个小点子，便使毫不起眼的小店闻名全国，吸引了一批又一批的消费者。

这家餐馆就是“你自己定价”餐馆。

经营者是位三十出头的年轻人，他看到顾客普遍存在这样的心理：菜价是店家定的，我是否被宰了呢？因而到餐馆就餐者都不敢放心点价钱高的菜。

针对这种心理，他想了个一定要惊动所有人的方法。他打出广告宣布：凡来本店的客人，饭菜价格由客人自定；你觉得这份菜值多少钱就付多少钱；觉得今天吃得好就多付，吃得不好就少付。

他在菜谱旁边都标有别的餐馆的平均价格，请顾客自己决定付给店主多少钱，店家并不强制。

结果，来这里吃饭的顾客数不胜数，许多人都来看新奇。

实际上，因为店里的服务质量相当高，所以很少有顾客不满意的，也几乎没有顾客少付钱的。

这个点子的真正新奇之处在于顾客能自己定价，而不在于多付少付那几个钱。因为这是全国第一家，也是独一家，因而使顾客感到自己受店家信任，便产生了巨大的吸引力。

必须指出一点，餐馆要办得有特色，这是以迎合顾客的心理为前提的。

所以，国外有些奇特餐厅的做法在中国便不能赚钱，如“受虐餐厅”“同性恋餐厅”等，在中国根本不具备开张的可能性，更不用说赚钱了。

对此，餐馆经营者也应给予足够的注意。

忌讳篇

在餐饮行业中，存在着各式各样的忌讳，这是餐馆经营者包括餐馆服务人员和厨师都应竭力加以避免的。

餐饮业中的忌讳有很多。大致说来，主要包括以下几个重要方面：

其一，有关经营者的经营思想、经营方法方面的忌讳；

其二，有关菜点制作方面的忌讳；

其三，有关装修和卫生方面的忌讳；

其四，有关餐饮业广告方面的忌讳；

其五，有关服务人员的服务态度、服务方法等方面的忌讳。

以上五点，是餐饮行业中比较重要的一些忌讳。对于这些忌讳，决不能掉以轻心，而应提高警惕，不要因此而犯下不可弥补的错误，为餐馆的经营带来阴影。

143. 忌持有“同行是冤家”的观点

很多人都认为，经商、做生意最好是自己独来独往，尽量不和别人混在一起，以免影响自己的客源。

这种观点，用一句俗话概括，那就是“同行是冤家”。

实际上，“同行是冤家”的观点已经大大落后于时代了，餐饮经营者一定不要再把它奉若神明。

如果说，在其他行业中“同行是冤家”的观点还有一定的正确性的话，那么，在餐饮行业中，这种观点则是完全错误的。

这是因为，餐饮行业有其一定的特殊性，即它们都是位于人群较多的闹市区的，必然有很多家餐馆连在一起，这是无法否认的客观事实。

另外，人们想就餐时，往往会到那些餐馆相对集中的地方去，因为那里有充分的选择余地。因此，如果你的餐馆孤独地开在某一地方，则从一开始就被人们排除了前往就餐的可能。

在前文中已经说过，“同行是冤家”这句格言，并不适用于餐饮行业。

所以，“同行是冤家”的开店方法，是餐饮经营业的一大忌讳。

144. 忌不懂市场定位

市场定位在餐饮经营中具有举足轻重的地位。

有很多餐馆，之所以不赚钱，原因就在于市场定位不佳。

不懂市场定位的经营者，只能掌管一家市场定位不好的餐馆，而这种餐馆即使占有“地利”之便或其他方面的有利条件，也不会有好的收益。

位于北京市西单闹市区的北海渔村，虽然地处繁华闹市，每日人流如潮，但由于没有做好市场定位的工作，故而前去就餐者几乎屈指可数。

而位于北京海淀区中关村电子一条街的南海渔村，及时变更了原来的高档消费型的市场定位，把目标盯在电子一条街上的“下海”人员，马上扭转颓势，转亏为赢，利润额迅速扩大。

这一反一正两个方面的例子，恰恰说明了市场定位的重要作用。

在一般人的眼中，很少有人想到去高档大酒楼的，因为那里的菜肴价格定然不菲。面对人们的这种心理定势，许多国营大宾馆都不想方设法加以改变，而是仍然抱着“皇帝的女儿不愁嫁”的思想坐等客人，对于其为什么不赚钱从不认真进行思考。

这种饭店，明明市场定位有误，但又不去想法加以改变，自然赚不到钱。其实，餐馆只要以周围居民为主要服务对象来进行市场定位，则没有不赚钱的道理。

即使高档餐馆，也不妨转变一下经营头脑和经营目标，把市场定位在接近大众消费的水平上。这是改变亏损局面最有效的方法之一。

145. 忌只想使用有餐饮业经验的人

任何一位老板都想雇用“懂行”的人到自己手下工作，因为他认为这种人熟悉行情，工作更有效。

也是出于这种心理，餐馆经营者往往都想使用有餐饮业工作经验的人，而且还常常走极端，对于无经验者概不录用。

事实上，这也是餐馆经营者的一大误区。

就“生手”而言，固然经验不足，但是他们也有自己的优势：

(1)易于管理。

初来乍到，刚一接触餐饮服务业的人员，其心理上对老板有一种尊敬甚至畏惧的想法，不会藐视上级，我行我素，总是给老板“小鞋”穿。

(2)易于教育和督导。

俗话说：一张白纸好作画。假如想在一张已被涂得乱七八糟的纸上画画，则再好的技艺也做不出好画来。

因此，那些没有餐饮业经验的人，反而更容易接受服务业的规范和需求，更容易教导。因为在他们的头脑中，不存在长久积攒下来的各种痼疾。

新来的员工，对于老板的命令和指令一定也会奉行不二。

(3)“生手”往往比较谦虚、谨慎，工作起来非常认真，一丝不苟，也有高度的工作热情和积极性。

这是因为，他们原来没有接触过餐饮业，不会产生厌倦情绪和怠惰心理。

相反的，那些有餐饮业工作经验的人，往往因为自己过去的经历而产生各种不健康的心理“疾病”。

和“生手”相比，那些有经验的人反而存在着不易管理和教育的缺点，甚至这种人还会倚老卖老，自以为是，认为“我什么都懂”“谁都比不上我”等等。此类缺陷在餐饮服务中的危害是非常大的。

因此，餐馆老板没有必要一心只想着雇用那些有餐饮业经验的人，相反的，应当把目光更多地放在那些没有经验的“生手”上。

146. 忌开业时物美价廉，开业后面目全非

餐饮业中这种“公鸡屙屎头节硬”的现象十分普遍。

无论是高档豪华酒楼，还是普通餐饮店堂，总会在开业初期把“形式、内容和价格”调整得合情合理，有的甚至提出“头三个月亏本出名，后三个月稳观行情，以后便逐渐加码”的经营思路。

这种经营思路千万要不得，是一种饮鸩止渴的短视行为。

成都市郊区在 1996 年金秋美食节中，不少有名的小吃摊点都在头几天以“平价名厨”为招牌招揽顾客，但几天以后价格就抬上去了，名厨却也走了。

成都还有一家火锅城，开业时花大价钱从一家著名的火锅楼请来名师，还在价格上让利，菜肴色香味美，因而顾客盈门。

但是不到两个月，便送走该位名厨师，并找借口添花色涨价，最终还是失去了众多的顾客。

此外，据《长江日报》报道，武汉一家海鲜酒楼为招揽食客，开业时专程从香港请来名厨现场剪彩，并让名厨与食客们交换意见，倾心畅谈，加上价格合理等因素，因而开业不久生意便红火。该酒楼扩大宣传，还专门请了报刊、电视台记者现场采访。

然而，在三个月之后（老板与那三个名厨只有三个月的合同），便在服务质量和价格上大打折扣，使大批食客迅速离去，以致不到一年，该酒楼便迅速倒闭。

像上述的这种事例，在现实中都是大量存在的。奉劝餐馆经营者要引以为戒！

要知道，虎头蛇尾是开餐馆最大的忌讳之一。

147. 忌见谁“宰”谁

有些餐馆的老板“心黑手狠”，经常见人就“宰”上一刀。

碰上这样的老板，就餐者与其说是在吃饭，倒不如说是在“吃”气，只能自认

倒霉和晦气。

但是，像这样的餐馆，关门停业是必然的事，只是早一天或晚一天而已。

在现实中，这样的餐厅并不在少数。它们所采取的方法，并不限于在菜单上做文章，有的还利用多收服务费等伎俩。

然而，尽管方法不同，但是目的只有一个，那就是为了多赚钱。因而，总是明里暗里摆出一副“宰你没商量”的架势，恨不得掏尽你腰包里的所有钞票。

念这种生意经的人，当然都不会有好的下场。

经商、做生意的目的当然是为了赚钱。如果不赚钱，谁还去开餐馆呢？

但是，如果运用不正当的方法去赚“昧心钱”，则是经商的禁忌之一。

这样的餐馆老板，肯定会让顾客感到愤愤不平，有时还会与之发生冲突。久而久之，到那里去就餐的人就寥寥无几了。

只有不知道内情的人才会偶尔上当受骗，而一旦受骗之后，就不会再去。

由此可见，见谁宰谁的结果，只能是宰自己。

当某家餐馆因“宰人”而臭名远扬时，其光顾者必然会越来越少，最后就会趋近于零。而“零顾客”现象一旦出现，也就表明该餐馆已走上了末路穷途。

如此一来，无论这位老板花费多大的财力、物力、人力，也都会付之东流，不会有应得的回报。

巨大的投入却只能换来微小的回报，不能长期获利使餐馆在滚动中发展，这不正是宰自己吗？

奉劝那些抱着“见谁宰谁”的经营态度的老板，一定要放弃“宰人”的做法。

148. 忌认钱不认人

谁都知道钱是好东西，正因为如此，所以任何一家餐馆的老板都无一例外地把目光盯在了“钱”上。

这本也无可厚非。

但是，如此一来，在有些老板的头脑里，就只剩下了一个“钱”字，其他的事情都毫不在意。

一种较为普遍的现象是，许多餐馆的老板都是只认“钱”不认“人”。

这是非常危险的。

那种缺乏人情味、满身洋溢着铜臭味的老板，口袋里其实没有几个钱，也不比同行们多挣一分。

因为这是“上帝”在惩罚他们，这个“上帝”，就是广大的消费者。

只认钱不认人的餐馆老板，决不会考虑到顾客的需要，也不会为顾客着想，提供最好的饭菜和服务。

他们只是把眼光牢牢地盯在顾客的钱袋上，每时每刻都想从顾客那里多捞些钱，却从来不会看看顾客的脸色和心里感受。

这样一来，当然会使顾客感到反感。

千万别把顾客当傻瓜。实际上，他们的情绪很敏感，餐馆老板是否把他们当“上帝”，凭直觉就能判断出来。

只有那些把顾客当傻瓜的老板们，才是真正的傻瓜。

毋庸讳言，钱是重要的，但是人更重要。

假如没有客人光顾你的餐馆，那么钱又从何而来呢？

因此，千万不要认钱不认人。

认人是认钱的基础，只有那些认人的餐馆老板，才会如愿以偿地赚到比别人更多的钱。

149. 忌只装饰外观的“拜金主义”

在现代社会里，人人都注重包装。

这就导致餐馆老板产生了一个错觉，即认为在经营餐馆时，最重要的就是搞好餐馆的装修。

这种想法，就是所谓的只装饰外观的“拜金主义”。

“拜金主义”式的装修，危害很大。主要有以下两点：

(1)无谓浪费过多的财力、物力，给餐馆经营者带来不必要的负担。

“拜金主义”的装修，必然花费很多的金钱，这是非常可惜的。如果把这些钱用在其他有益的方面，肯定会更好。

(2)外观装饰得豪华奢侈，往往给客人一种华而不实的感觉，而且会令人觉得其价格必定昂贵，因而致使许多本来想去就餐的人也望而却步。

当然，开餐馆也不能不装修，进行适度的装修是必要的，也是切实可行的。

但是，如果只强调装饰外观，陷入“拜金主义”，则会带来不好的结果。

因此，餐馆应把更多的精力放在苦练“内功”，提高饭菜质量和服务水平上，而把“拜金主义”式的装修舍弃掉。

150. 忌墨守成规，不知创新

假如某家餐馆的饭菜总是千篇一律的话，或者经营方式也是毫无变化、墨守成规的话，则该餐馆就无法满足食客们的要求，时日一长，也就去者寥寥了。

因此，若想开一家赚钱的餐馆，就必须时时刻刻想着创新。

人类普遍都有猎奇的心理，假如听说某家餐馆的菜点很新奇，自己从未吃过，就一定会到那里吃上一顿。

所以，必须迎合人们的这种心理要求，才能达到赚钱的目的。

聪明的商人都知道这样一句格言：不进步本身就是退步。

商业社会变化多端，人们的口味也是经常变换的。因此，只知墨守成规而不知创新的人，一定会被淘汰出局。

对于餐馆经营者而言，尤其应当注意这一点。

151. 忌单纯模仿他人

有时候，模仿别人的好做法是必要的，也是有益的。

但是，在餐饮业中，模仿他人，尤其是单纯模仿他人的做法是不可取的，因为这会使你缺乏特色。

比如说，某家餐馆新推出一样新菜点，十分受人喜爱。如果你也依葫芦画瓢的话，则食客们就会感到千篇一律和乏味，并认为你的餐馆缺乏创造性。

再如，某家餐馆的装修搞得不错，你同样也模仿的话，那结果就会更差劲。

有位哲人曾说过："重复是愚蠢的表现。"连普通老百姓都知道，嚼他人嚼过的馍不好。因此，单纯模仿他人的做法，只会给你带来不好的结果。

在模仿别人一些好的做法时，可以适当加以变通，发挥出你的创造性，争取比别人做得更好一些。

152. 忌一味捕捉大牌厨师

"不用大牌厨师，才能经营出赚钱的餐厅"，这是现代餐饮业中一句非常流行的经营格言。

这似乎与传统观点背道而驰，然而其中却不无道理。

持这种观点的人士认为，只要原始素材的品质优良就能令人喜爱的菜肴有很多，包括蟹、虾、龙虾、贝类、海带类以及牛肉、羊肉、鸡肉、猪肉、蔬菜、水果等，不需要多少加工，就会非常好吃。

同时，他们认为大牌厨师大多都有墨守成规的特性。因此，很多时候，他们会无视客人的喜好，也不在乎经营者的想法，只是一味地想展现自己的技艺，形成独断专行、盲目经营的局面。

大牌厨师名声在外，如果一家餐馆能够聘来一两个大牌厨师，那么一定会有许多人慕名前来就餐。

大牌厨师一般在菜肴的制作上都有自己的绝活，因此才得以出名。许多新开张的餐厅也常常聘请大牌厨师助阵，吸引顾客，而且效果常常也不错。

但是，一般说来，雇请大牌厨师也有很多不利之处：

(1)大牌厨师的薪金很高，作为一家利薄的餐厅，很难长期聘请到大牌厨师，因为承受不了这种高额的支出；

(2)大牌厨师由于大名远扬，聘请他的人很多，因而往往脾气很大，餐馆的经营者不易管理和约束他们。

(3)如果能开出年轻厨师也能烹调的菜单，把虾、蟹等大部分人都喜欢吃的食物作为菜单的主轴，然后再尽可能地便宜，让顾客有吃得很丰盛也很便宜的感觉，那么此家餐馆一定会赚钱。

由于这些食物的烹调方式都极单纯而且简单，所以绝对有把价格压低、使大众接受的空间。

但是，如果你聘请大牌厨师的话，他们就很不喜欢利用这些素材，因为他们并不喜欢烹调手法简单又非常好卖的商品，他们想做的只是展现自己的厨艺。或许这是理所当然的，但是餐厅若完全仰赖大牌厨师的话，那结果就会离以顾客为主的目标越来越远。

(4)大牌厨师和经营者之间很容易产生矛盾和摩擦。

你可能经常会听到，“每一家的大牌厨师也都这么做”的说法，然而实际上，经营者并不完全认同大牌厨师的观念，反而常常想到的是“何时才能把他辞掉呢”“这样说他，会不会被反驳回来”等问题，彼此之间积累了许多不满。

时日一长，经营者对大牌厨师的愤怒累积到一定的程度，就会形成精神上的压力，这对身心和生意都有不良影响。

(5)大牌厨师大多有墨守成规的特性，这不利于餐馆把经营目标盯在大众身上。

不论是经营者还是顾客，都期待着更有趣、更令人舒畅、更令人惊喜的菜肴，而不是只坚持己见、不知变通的大牌厨师所做的菜肴。

如果大牌厨师认为“所谓的烹调，就只能这样，只能那样……烹调的正道就是这样，已成定式，除此之外的就是歪道……”，只认可自己所学习的流派，那么，就根本无法烹调出会心的佳肴，进而导致餐厅门可罗雀，生意清淡。

烹调是一种创造，若只遵循着固定的手法去做，当然就会变成没有味道、索然无趣的食物喽！

如果无法将内心的自由、快乐借助于食物传达给顾客，那么，用餐就无法成为人们的一种享受。

综上所述，没有大牌厨师的餐厅照样能够赚钱，因此，你就没有必要一味追求大牌厨师，否则只能带来恶果。

153. 忌过分强调“正宗”

餐厅的菜品、服务项目是为客人所设置的，因而只有被客人所接受和认可才能算是有用和有效的。

很多时候，如果做菜过分强调“正宗”，也会令客人感到不满，反而出力不讨好，不被客人接受。

最近，国家旅游局曾对外国来华旅游者进行抽样调查，结果出乎旅游界的意料，美国客人将餐饮作为来华旅游最不满的一项，国人顿时对此一片哗然。

难道是我们的饮食质量有问题？

然而，中国菜是与法国菜、意大利菜齐名的世界大菜，如果我们的餐饮产品连质量都过不了关，岂不成了笑话？

那么，原因在哪里呢？

其实，宾馆里餐饮产品的质量都是过关的，只是它们的经营服务观念不对，其结果自然可想而知。

我们的宾馆也都坚持“顾客就是上帝”的信条，但它们就是不明白上帝究竟为什么不满意。

其实，美国人不喜欢中国的饮食饭菜，主要是因为我们的餐厅在经营中过分强调“正宗”，“过油”“过咸”的食品很多，而欧美人自幼吃西餐，对于“正宗”的中国饭菜反而有一种不适应感。

相反的，中西合璧似乎对他们更为适宜。

当然，偶尔尝鲜或品尝风味，对于有猎奇探胜心理的客人是可以的，但如果一味地把我们所谓的“正宗菜”提供给客人，则会令客人叫苦不迭。

各国各地区不同顾客的饮食起居喜忌各异，不能以宾馆的愿望代替客人的需求；不能认为中国的饮食好，就天天让客人吃中餐；也不能因为自己喜欢吃海参元鱼就让欧美客人也吃海参元鱼。

我们常常会犯这种错误，即自己认为茅台酒好就只提供这种酒给客人。

不要忘了，或许你的所好正是客人所厌恶的，毕竟“百人百味”，要站在客人的角度设身处地为客人着想。

154. 忌题材上主意打得过多，特色上工夫下得太少

现代都市的餐饮业，特别注意花样翻新。而几乎所有的食客也无一例外地爱在吃的“题材”上加以关注。

比如，最先的海鲜吃法，有粤味、海味、北味、南味，后又出现川味、陕味，一个“海”味变出几十个品种出来，一天一个样，一款几个“种”。

再如，火锅自问世以来，就有鸳鸯、羊肉、滋补、铜锅、砂锅、煎炸烤烫；单是鱼类，就有火锅鱼、酸菜鱼、椒麻鱼、红油鱼、金骨鱼、豆花鱼等数十种；至于鸡类、鸭类，就更加数不胜数了。

1996 年冬，在成都街头又冒出了“山珍苑”“灵瑞坊”等价比海鲜的“题材”，用一位业内行家的话来说就是，成都餐饮出现了“山珍压水珍、河鲜压海鲜”的局面。

马齿苋、“王八蛋”都被俨然当作救世主一般搬上这场“题材”大战的“沙场”，相信会成为一些“吃遍天下”的食客们心中最受瞩目的一批“题材”。

而在绍兴一些地方，运用“鲁迅题材”打开餐饮业大好局面的消息早已家喻户晓，响遍海内外。

但是，有的老板却在“题材”追逐的过程中，丢了自我，花了大钱，最后落得个“四不像”的惨状。

在重庆，有家餐饮店的老板，本来经营川味火锅，生意也不坏。但自 1995 年以来，今天粤菜，明天海鲜，后天又从台湾引来名菜，店堂装了又拆，拆了又修。

结果，两年的时间过去了，其个性特色早已消失，顾客早已流走。

一些餐饮业中的成功人士认为，寻找“题材”“运用题材”来扩大知名度和提

高效益是可以的，但一天一个花样地变，而且不顾自己的实力和其他方面的条件，一味追求“题材”的新鲜性，其结果必然是：乱了分寸，丢了顾客，走向失败。

餐馆老板对此务必引以为戒。

155. 忌只依赖厨师，经营者自身却缺乏选择素材的“眼光”

在饮食饭菜的制作和选材中，选材至关重要。可以说，素材型的餐厅不需要厨师的手艺照样可以实现赚钱的目的，因为只要把好“选材关”就行了。

然而，有相当一部分餐馆经营者，只想片面依赖厨师的手艺，完全靠厨师去选材。这种做法很不可取。

厨师由于受到自身工作性质的限制，往往从自己的角度出发去考虑选材的问题，而顾及不到消费者的口味。

因此，他们所选的素材未必能够符合顾客的口味。

作为一家餐馆的经营者，应当从全盘来考虑问题，具备选材的“眼光”，而不是只依赖厨师。唯有如此，才有可能使自己的餐馆不断发展。

餐厅经营最重要的方面，就是以经营者的眼光来思考商品，再选择合乎时代潮流的食物作为菜单的主轴。

假如经营者把一切任务都交给了厨师，而自己却在那里袖手旁观、不闻不问，则不仅会使自己餐馆的经营目标越来越远离大众，而且还会使整个餐厅的营运都掌握在厨师手里，容易被厨师卡住脖子。

由此可见，经营者若缺乏“眼光”，其危害究竟有多大。

当然，这并不是说不需要厨师，而是说既要靠厨师奉献出手艺，又要靠经营者自身去认真选择素材。

二者并重，才是正确的方法。

156. 忌使用不新鲜的原料

餐馆应当及时采购新鲜的商品，原料购买回来后，还应采取有效的措施加以保管，维持其新鲜度。

这是因为，只有新鲜的食品才能做出色、香、味俱佳的饭菜，受到消费者的认可和热情欢迎。

不新鲜的食品，消费者很容易就能识别出来，因为现在外食人口数量众多，几乎每个人都曾在某处吃过此类食品的正宗货色，如果原料不够新鲜，那么其味道就会和别家餐馆大不一样。

其实，哪怕是一些微小的味道，也能被敏感的食客识破。

一旦消费者对你的餐馆的饭菜产生了“不新鲜”或“不够新鲜”的印象，那么不仅他们再也不会光顾，而且还会很轻易地把这个消息走漏出去。如此一来，你的餐馆就该关门大吉了。

我想告诫那些贪图小便宜的餐馆老板，一定不要心疼那几个钱，仍然把腐烂变质的食品兜售给客人，也不要舍不得花钱购买冰箱等设备来为食品保鲜。

一定要知道，不新鲜的原料只会使你的餐馆的名声变臭，而根本不可能为你带来所追求的利润。

157. 忌广告上说得比唱得好听

说的和做的各是一码事，这是餐饮业中又一值得注意的问题。

“免费食海鲜”“一元一只鸡”“一元一斤虾”的假广告报道曾被媒介炒得很火。

据报载，广州、深圳的一些大酒楼纷纷使用这种诱人的手段来吸引人们的注意力，招徕顾客。

但有记者在光顾的过程中，却发现了广告背后的文章：白灼罗氏虾每斤一元，限大量使用，1～4 人限量半市斤，5～8 人限量一市斤，超过限量及采用其他烹饪方法进食，每斤按 48 元计。

服务小姐还明确表示，顾客必须点足其他菜，否则就不能享受特价虾！

而一家新悦鱼翅海鲜酒家赫然写着：“好消息，鸡每只 2 元！”但在餐厅小广告牌下却多出几行小字：“消费 100 元以上（每桌）可享受特价鸡半只，消费 100 元以下（每台）须按 45 元半只付价。”

这种真假广告相互配合招揽顾客的方式连一些小吃摊上的老板也用上了。

成都的餐馆业发展很快，此种广告促销法甚为流行。

在一家中餐馆的广告上说：送君一瓶剑南春。但服务小姐却补充，每位食客消费必须在 80 元以上。

在市内羊市街西延线上，随处可见写有 30 元/客、25 元/客、28 元/客的各式自助火锅广告。

一家娱乐城外墙上挂着“火锅自助25元/客，酒水、全部锅底、雅间免费”的横幅。

那些以为四个人一桌下来100元足够的食客却不料得到这样的回答，这25元不包括起锅费和每人2元的油碟费。

在西延线这条被称为火锅一条街的街面上，至少有40%的自助餐，后面都有十分考究的附加条件。

这实际上是一种欺诈经营。或许一时之间会有许多食客上当受骗，但长期就会变得门可罗雀。

据研究，一个上当受骗的人会把他的不满告诉给周围10个人。这样算来，还会有人登门就餐!?

而且，由于大广告与“小附言”不符而引起食客与老板之间纠纷的事情时有发生，这更会影响餐馆的信誉。

所以，餐馆的虚假广告便成为老板们应当避免的忌讳了。

158. 忌停留在低层次的竞争上

目前，饭店的低层次竞争已无戏可唱。

这是因为，仅仅靠优雅的环境和可口的菜肴已经无法对客人产生更大的吸引力和震撼作用。

客人进入饭店，已不仅仅是要满足胃口上的需要，更是渴望在那里获得全身心的享受。

同时，优雅的环境、可口的菜肴是每一家餐馆都应做到的基本方面。所以，如果你仅仅做到这些，在激烈的竞争中，你便没有什么优势可言。

因此，餐饮业应进入高层次的文化氛围竞争。

餐厅管理人员除了具备一般的餐饮业管理常识外，还应具备较高的文化素质，应该对古今中外的文学、音乐、戏剧、绘画、电影、电视都略通一二，以适应文化主题在餐饮业中的实施。

文化主题不仅会给客人带来意外的欣喜，还能带动全民族文化修养的提高。

如果你真能唱文化戏，利用文化做生意的话，那么，在竞争中，你就能占据制高点。因为借此可以证明，你不是一般的商人，在文化素质上你也是有修养的。

在这样的文化定位下，你的餐馆将会使那些只供人吃、喝、玩、乐的饭店和餐馆黯然失色。

可以设想，先行实施文化定位的餐馆将带来较大的新闻性和新鲜感，从而使你赢得顾客的心。

159. 忌服务小姐穿戴整齐，个人卫生却极差

在中国，越是高档豪华餐厅的服务小姐，越是楚楚动人、穿戴漂亮。

就连一些普通餐馆的小老板，也十分注重服务员小姐的仪表服饰。

服务小姐一般都由或洁白或浅黄的套装包装起来，加上浓妆艳抹的脸蛋，令人赏心悦目。

然而，这些可人的小姐的双手卫生却十分令人担忧，有的小姐修长的指甲内又黑又脏，不少小姐甚至有手癣或患有皮肤病，养成经常洗手习惯的小姐简直是凤毛麟角。这实在令人感到不可思议。

《中原经济报》曾报道在河南、河北、湖北等省的不少大、中城市里，卫生和工商部门曾对 50 家中、高档餐馆服务小姐中的 500 名进行突击检查，合格者只占 36.7%，其中 11.2%患有不适合从事餐饮服务的各种传染性疾病以及皮肤病等。

造成这种现象的原因主要有：一是这些女孩大多来自乡下，没有养成好的卫生习惯（洗手、刷牙等）；二是店老板给他们的工作压力很大，无暇顾及；三是店中条件设施很差——在相当多的中、低餐馆店堂中，都没有标准的卫生间和洗手间，而是洗手、洗脸、洗碗、洗菜、洗污垢都在一个水龙头下，有的甚至是一桶水用一天！

《漫画》杂志曾载过这样一幅作品：一个天仙般的服务小姐，双手却布满各种病毒、细菌，她用这么一双“可怕”的手端了一盘菜肴，对客人说：“请！”

不知道你敢不敢在她的招呼下用餐？

现代人用餐的一个最重要的要求就是讲究卫生，如果服务小姐个人卫生十分差，食客又怎会有胃口？怎敢再来？

所以，服务小姐个人卫生差也是开餐馆的一个忌讳。

160. 忌餐厅厅堂典雅清洁，厨房设施却十分简陋

一般的餐饮业老板，最舍得投资的往往是厅堂装修和餐桌椅凳以及灯光音响。动辄数十万、上百万的投资毫不稀奇。

就连一些小食店的小老板在投资餐饮时也会把主要精力用在厅堂。

笔者有一位朋友，花了 15 万元“武装”自己的中档餐厅。他的构思是：厅堂装修设施 11 万，餐具 2 万，服装 2 万，余下的 1 万用来武装厨房卫生设施。还要花 6000 元加一台大屏幕彩电。

我问他，前厅与后厨的差距怎么如此之大？

他说：前厅是装给顾客看的，是面子，是要收回来的，而后厨只要有水管冰箱不就可以了？

在成都，不少人吃了海鲜后常闹肚子，远离海洋的成都人还宽容地认为，或许是内陆人的肠胃不太适应海鲜特色。

然而，有位记者在采访后却得出了另外一个结论。素有“海鲜一条街”之称的磨子桥一带，海鲜大排档、海鲜坊几乎密集到了“肩并肩、背贴背”的程度。但当有关人员走过豪华厅堂要去看一看厨房时，无论是老板还是服务小姐都很惊异，无所适从。

调查后的结果是，几乎所有的海鲜酒楼的厨房都狭窄得令人有无立锥之地的窘迫感，各式各样的食品都杂乱地堆在桌上或地上，不仅乱，而且脏。

《成都晚报》的一名记者问一位正在鼓浪海鲜大排档就餐的顾客，为什么选择这家海鲜坊？该名顾客回答：“这家看起来也蛮干净，名气也不错。”

看来，客人也很关心餐馆的卫生条件，大厅的卫生当然很重要，但如果客人就餐后经常闹肚子，那么顾客大概不会再义无反顾地光顾这家餐馆了。

所以，厨房卫生一定也要抓好。

161. 忌只敬罗衣不敬人

人们往往有一个坏毛病，即对那些有钱有势的人都很尊敬，而对那些穿着朴素、无钱没势的人都极为不恭。

其实，这就是令我们都很痛恨的“势利眼”现象，患有这种毛病的人也被称做“势利小人”，成了人们鞭挞的对象。

说句不好听的话，这种人就是“狗眼看人低”。

此种情况在餐饮业中的表现，就是通常所说的“只敬罗衣不敬人”。

对那些穿戴华丽、有钱的“款爷”，服务极为周到，卑躬屈膝，唯唯诺诺，毕恭毕敬；但是，一看到某人似乎没钱，便不想为之服务，即使勉强为之，也是一脸的不高兴，非常不情愿。

这样的事情在餐饮服务员身上经常会显现出来。

实际上，这样做对于餐馆来说是非常有害的：

其一，影响餐馆的生意。

人们在饱受白眼之苦后，就会心生不满，甚至怨恨，一定不会再到这样的餐厅里去了，而且还会告诉别人也不要去。

其二，这是老板和服务人员缺乏修养的表现之一，有损于商业道德，也有损于现代人的做人之道。

其三，尊重他人和受到他人尊重是一体两面的事，是相辅相成的。因此，不尊重别人的人，也不会受到别人的尊重。

"只敬罗衣不敬人"是人类历史上的一大陋习，为现代人所不齿，如果还是抱持这种观念的话，受害者只能是自己。

毕竟，时代不同了，人与人之间是平等的，只要别人能够付得起餐费，就有权利享受你的餐饮服务。

再说，那种凭外表来判断人们贫富程度的做法，也是非常肤浅的。

$ 162. 忌替顾客做主

餐厅服务中应注意掌握好"度"，对客人服务要热情、主动固然不错，但应当忌讳越俎代庖。

即使服务员对某位顾客的消费特点很熟悉，也不应当轻易照搬以前的经验，替客人做主，而应慎重行事。

这里有一则因替顾客做主而招致反感的例子。

一天下午，汪教授和他朋友到某大酒店的咖啡厅谈天，两人坐下等待服务员前来点饮料点心。

两人正在闲聊，这时只见服务员端来一壶现磨的热咖啡，外加一杯牛奶和一小碟方糖，然后对着汪教授说："汪教授，老规矩。您喜欢喝的咖啡。"

汪教授一下子愣住了。这时，他的朋友也忍不住了，满脸的不高兴，便对服务员说："今天是我约汪教授来的，你为什么自作主张。难道你要我们喝什么，我们就必须按你的意思喝什么吗？"

那位服务员满脸委屈地对客人说："汪教授是这里的常客，我了解他平素最喜欢饮用现磨的咖啡。同时，我估计您这位先生可能也喜欢喝这样的。"

听服务员这样讲话，汪教授感到有失朋友的尊严。于是，他带着不满的口吻对服务员说道:"你不该主观地下结论,不管我们谁做东,你也应该问过主客的意见。"

事情已陷入僵局,直到值班经理闻声赶来,问清情况以后,一再向两位客人表示歉意,并吩咐服务员再次询问客人的意见,遵照他们的要求服务。这样,才使服务小姐从窘境中摆脱出来。

本例中,服务员犯了服务中的两大忌讳,即越俎代庖和做错事后仍然极力为自己辩护。

先说越俎代庖。服务员尽管出发点是好的,并无恶意,但由于忽略了正常的服务程序,反而弄巧成拙,造成失误。

熟悉客人,细心牢记客人的习惯是好的,但这并不等于可以和客人平起平坐,越俎代庖,或者以对待朋友的口吻对客人说话。

换句话说,服务员对自己的角色扮演得不好。把客人当皇帝也好,当朋友也好,都必须首先尊重客人,特别是在客人的客人的面前更要尊重客人。

本例中服务员没征求客人的意见,就擅自代做决定,显然这是把自己的服务角色统统抛到九霄云外去了。

再讲一下服务员所犯的第二忌讳——力图为自己的错误辩解。

我们常讲:"客人永远是对的。"这是餐厅服务的一个基本原则。因而,在餐厅服务中,不要让客人感到自己错了,即使真是错在客人,也要巧妙地把"对"让给客人,以使他保全面子和自尊心。

本例中,服务员错在没能很好地扮演自己的服务角色,擅自替客人拿主意。当客人因自己没受到应有的尊重而表示不满时,服务员应急忙向客人表示歉意,立即征求客人的意见,而不应该为自己极力辩护,无论自己的出发点是多么美好。

咖啡厅(或餐馆)应该有一套服务程序和规范,任何服务员都不得任意改变。当客人走进来时,服务员应先主动热情地打招呼引座,然后将饮料点心单交给做东的付账者,如发现客人在看单时犹豫不决,服务员此时便可以主动推荐,并观察客人的面部表情变化,及时调整。当主客点好后,服务员应重复读一遍开单的内容以取得确认,上饮料点心时也不要忘记再报一下菜名,以便核对。

如果服务员颠倒了服务程序,那么只能令客人感到不满。这样,即使是客人平常所喜好的,客人也会因心中不满而变得偏偏"不喜欢"。

163. 忌言语错漏

在餐馆服务中，有时只因服务员省了不该省的词句，常常搞得顾客摸不着头脑，莫名其妙。

人们常说："言为心声。"语言是衡量一个人知识和教养水平的重要标志之一。

要更好地运用礼貌用语。作为餐馆服务员，仅仅脸上堆满微笑显然还不够，应该加上较高的语言文字修养才行。

礼貌用语大都以口语形式表达，简练是最基本的要求。但简练并不等于说话不准确、不完整、不合乎基本语法。否则，纵有服务的热情，也会因词不达意而闹出许多啼笑皆非的事来。

如果你在餐厅中听到"你只有一个人吗""你还要饭吗""你的肚片""你的腰花"等语言时，一定会因这类不文明的语言而感到不快。

不文明的服务用语，虽然与污言秽语有较大的差别，但它们或违背语言的基本章法，或因根本未加应该的修饰，也同样会引起顾客的反感和不悦。

对于那些有较高的文化水准和修养的宾客来说，此类话语简直不堪入耳。

164. 忌不懂客人的忌讳

有时候，不了解客人的忌讳也会使客人感到反感。

有一个这样的例子。隆冬里的一天，北京市中心的一家大酒店里张灯结彩，热闹非凡。这儿将举办一个盛大的宴会，各国在京的客人将在此汇集一堂，听取国内某大公司经理关于寻求合作伙伴的报告。

会后，客人被请到了大宴会厅。每张桌上都放着一盆大绣球似的黄澄澄的菊花插花，远远望去，甚是可爱。

客人们按指定的位子一一坐定，原先拥塞的入口处在引座小姐的来回穿梭和引领下，很快又恢复了常态。

客人们开始了新一轮的谈话。

引座小姐发觉，左边几张桌子前仍有数名客人站着，不知是对不上号还是由于别的原因。

唯高博士名店介绍

(一)为投资人提供餐馆投资前期完整的市场调查及可行性研究分析

1.完整的市场调查
2.详尽的市场分析
3.适当的项目规划
4.正确的市场定位
5.稳健的投资策略
6.准确的投资预算
7.明确的周转预测
8.初步回报的预计
9.专业的行动计划

(二)为投资人提供餐馆开业前的整体规划与技术支援和筹备管理

1.项目的深化构思。

2.卖点的创新特色。

3.总体概念,基建及设备的标准,作出咨询及专业意见提供。

4.初步机电工程规划方案,作出咨询及专业意见提供。

5.室内设计师的设计概念,图纸与用料方案、作出咨询与专业意见提供。

6.前线与后勤地方规范要求,对顾客流程,员工流程,物料流程,交通流程与送餐流程,作出咨询与专业意见提供。

7.于筹建施工中,监督质量与协助竣工验收。

8.编制与扫行开业前筹备管理计划与开支预算,并建立管理机制。

9.编制规章制度,财务政策与程序,各部门操作手册。

10.编制组织架构与预算,执行招工与培训计划。

11.编制业务计划、经营策略与预算、执行企业开业前推广与促销活动。

12.编制物料计划、采购政策与预算,执行选货与定货。

唯高博士名店介绍

(三)为投资人提供餐馆开业后之运营管理和市场推广

1.建立经营预算目标,替企业争取最大的经济效益。

2.国内外市场拓展、推广、促销及预定。

3.推动企业已定之运营机制。

4.制定及执行有效的运营策略与促销方法。

5.建立良好的形象及国内外市场上建立知名度。

6.为投资者维持物业处于常新状况及保护财产。

7.建立与服务规范和出品质量。

8.建立适当的管理队伍及发挥其团体力量。

9.建立正确的工作作风、环境气氛、维持高昂之员工士气。

10.编制与提供每月的经营管理报告及财务报告。

(四)不良企业的经营管理诊断,改革与重组

1.企业文化的分析与重整。

2.经营成功的分析与财务理顺。

3.企业组织架构的分析,精简与重组。

4.检讨作业流程与运营政策的调整。

5.整体服务质理的提升。

6.设备设施的调整。

于是，她上前去了解。原来，那些客人都是法国人，因为她不懂法语，只得把翻译请来，交谈后获知，法国人认为黄菊花是不吉利的，因此不肯入座。

引座小姐赶紧取走插花，换上红玫瑰花来，客人脸上顿时转愁为喜，乐滋滋地坐下了。引座小姐再三请翻译转达她真切的歉意。

本例中，服务小姐犯了一个大错误，那就是未对来宾以及来宾的喜好有一个详尽而全面的了解。尤其对外宾所在国的饮食禁忌缺乏应有的了解，因而才会请客人入座插有黄菊花的座位，所以才弄巧成拙，产生了始料未及的负面效应。

换句话说，不事先了解客人的忌讳，实际上也就不能使“客人就是上帝”这一宗旨得以体现。

165. 忌不能掌握餐厅推销的分寸

餐厅推销是一门较复杂的艺术，令人不好掌握。

酒店往往希望客人多消费，但酒店必须向客人提供等值甚至超值的产品，其中既有物质产品（例如菜肴），又有无形产品（例如服务）。此二者缺一不可，否则便会被客人视为欺诈行为。

因此，餐厅推销必须掌握分寸。

俗话说“过犹不及”，如果超过了一定限度，过了头，便会适得其反。

下面这一事例是一个过分推销的例子，尽管服务员最终达到了自己推销的目的，但却是很不值的。

有一天，10 位客人走进了 A 餐馆，正好坐满一桌。

服务员小何及时上前给客人一一上茶。客人中一位像是做东的先生拿起一份菜单仔细翻阅起来。

服务员小何上完茶后，便站在那位先生的旁边，一手拿了本子，一手拿圆珠笔，面带微笑地静静等候他点菜。

那位先生先点了几个冷盘，接着有点犹豫起来，似乎不知点哪个菜好。停顿了好一会儿，便转过脸来问小何：“小姐，请问你们这儿有什么好的海鲜菜肴？”

“这……”小何一时答不上来，“这就不好说了。本餐厅海鲜菜肴品种倒是不少，但不同的海鲜档次不同，价格也不同，再说不同的客人口味也各不相同，所以很难说哪样海鲜菜肴特别好。反正菜单上都有，您还是看菜单挑吧。”

一连用了几个“不同”，小何感到自己的一席话说得头头是道，不由得沾沾自喜。

但那位先生却露出了失望的神情，只得自己随便点了几样菜肴。

等客人点完菜，小何又问道："请问先生要些什么酒或饮料？"

客人要了啤酒，接着又问："饮料有哪些品种？"

小何似乎一下子来了灵感，忙说道："哦，对了，本餐厅最近进了一批法国高档矿泉水，有不冒气泡和冒气泡的两种，你们是否想品尝一下呢？"

"矿泉水？"客人多少感到有些意外，看来矿泉水不在他的考虑范围内。

"先生，这可是全世界最著名的矿泉水品牌呢！"

客人一听这话，觉得不能在朋友面前丢了面子，便问了一句："那么哪种更好一些呢？""那当然是冒泡的那种好了！"小何越说越带劲。

"那就再来10瓶带气泡的矿泉水吧。"骑虎难下的客人无可奈何地接受了小何的一再推销。

等到吃完饭，做东者接过账单一看，不禁暗吃一惊：在1400多元的总账中，仅矿泉水就占了350元，不由得嘟哝了一句："这矿泉水可真够贵的。"

"那是世界上最好的法国名牌矿泉水，之所以卖35元一瓶是因为进价就要20元。"账台服务员说。

"哦，原来如此。不过，刚才服务员没有告诉我价格呀。"

客人显然很不满意，付完账后怏怏而去，没有再回头。

无论对于谁来讲，碰到这样的事都不会感到满意。

服务员小何在给客人介绍和推销菜肴的过程中，有两个明显的过失，因而给客人的感觉是服务不力，有挨宰的感觉。

首先，推销不力。

当客人主动询问有哪些好的海鲜菜肴时，对小何来讲，这是进行推销，宣传介绍本餐厅特点和缩短与客人距离的良机。

只要她趁势详细介绍本餐厅的各种海鲜，重点推荐其中的特色品种，甚至因势利导地推销名贵海鲜，客人也会乐意接受。

这样，既满足了客人的要求，又增加了餐厅的营业收入，真是一举两得的事，何乐而不为呢？

但是服务员小何却在此时消极推辞，放弃推销产品的职责和机会，又将球踢给了客人，这就难怪客人不悦了。

从这一点上看，至少说明服务员小何的服务意识不强，"客人就是上帝"的观念在她脑海中还未生根发芽。

服务员小何的第二个失误就是推销过度。

无疑，餐饮推销是为了扩大餐厅的营业收入，但是，这也是以使客人感到满意为基础的。客人满意是基本点，因而必须考虑客人的消费能力。

像法国名牌矿泉水之类的产品，是为某些高消费客人的特殊需求而准备的，并不在服务员的一般推销之列。

若有客人提要喝法国矿泉水，只能说“有”即可；或者可以婉转暗示客人矿泉水的价格是多少。

例中小何如此过分推销，使客人处于尴尬的境地，这样虽能勉强达到推销目的，但到头来反而会使客人误解为酒店有故意斩客之念。结果，酒店就很可能会因此而失去这些顾客，这是很不值得的。

还有一点可以说是餐厅的失误。

客人面露不满时，账台服务员是看到的，可是她却未采取任何措施去挽救给客人的不好印象，让客人怏怏而去。

这不能不说是这家餐厅的服务意识还不是很强，从而没能使客人“乘兴而来，满意而去”的表现。

其实，这也是“顾客就是上帝”这一原则还未在这家餐厅的服务人员的脑海中扎根的表现。

166. 忌说有伤客人自尊心的话

假如客人在接受服务时被服务员刺伤了自己的自尊心，那么他的不满就有可能会像火山一样爆发出来。

曾经有这样三位客人走进了南方某大酒店的餐厅：他们虽然西装革履，但从其黝黑的肤色、不和谐的色彩搭配、说话的粗声粗气以及走起路来两手放在背后和耳朵上夹着香烟等细节来分析，人们很容易得出这样的结论：这几位充其量是刚刚发迹的乡镇企业家，或许没有多少钱。

引座小姐把他们带到一张方桌前，不一会儿，服务员根据客人的点菜单，端上四碟冷菜和两瓶微温的特级黄酒。接着，一道道热菜陆续端上来，这些都是价格一般的家常菜。

三位客人胃口不错，一只只盘子很快便见盘底，桌上喝光了的空酒瓶子也已经由两个增加到了四个。

此时，一位穿灰条子西装的客人朝服务员招了下手，问道：“你们店里可有一些名贵的洋酒？”

服务员一听，眉宇间透出一丝惊讶。因为她从这几位刚才的表现来判断，估计他们的消费水平不会太高，而现在，竟然要喝名酒，真是太令人感到诧异了。

她未经细细斟酌，便脱口而出："我们有名贵洋酒，但价钱很贵呀！"

这句话一下子触痛了那三位客人，他们几乎不约而同地跳了起来，尤其是那位今晚做东的穿灰条西装的客人，嫌服务员使他在朋友面前丢了面子，二话不说，就从皮夹中掏出一叠厚厚的百元大钞。

"很贵?！好吧，把你们店里最好的洋酒拿出来。如果先付钱也可以，别担心，这里有的是钱！"

客人显然是恼怒了。幸好餐厅经理过来再三地道歉，才平息了客人的怒气。

客人掏钱买气受，当然会恼火，起因皆在于恶语"洋酒很贵"。

在此，服务员犯了一个极其愚蠢的错误，那就是触犯了客人最敏感的神经——自尊心，这是无论谁都难以忍受的。

那位服务员也许的确是无意间漏出这句不该说的话，但问题是，她的确也有怕客人付不起钱的思想。

服务员在接待客人的过程中，不仅不应该说出对客人无礼的话，而且也不允许存在这样的念头。

俗话说，言为心声。只要有这种想法，难免就会流露出来。

所以，要牢牢树立"客人就是上帝"的观念，为客人提供满意的服务。

另外，在现实的餐厅服务中，确实也会出现客人点的菜超过其支付能力的事情。对此，服务员即使发现后，也绝不可以对客人说出任何有伤自尊心的话。

服务员可以运用一些说话的技巧，巧妙地回避敏感性的话语，婉转地给以暗示。例如：请问，你们是想要××吗？今晚餐厅没有大盘的××，只有××元的中盘××，不知你们是否还想要？

问话时，可以把价格讲得慢些，清楚些，目的是提醒客人别把价格听错了。至于名洋酒，服务员当然也可以套用这种婉转暗示法。

167. 总收账时唱收唱付

客人用餐完毕后进行结账，对客人而言，这是他们一次用餐的结束，但是餐馆的服务并未结束。

这涉及服务员的收账技巧。

对客人来讲，服务员的收账服务是否客气，尤其是服务员的语气、语调等对客人的感受影响也很大。

这就要求服务员能明白客人的心理,用适当的语气和语调去收账。

在江苏徐州市的一家中档餐馆里,曾经发生过这样一件事。

两位上海客人远道而来,在该饭店就餐。在用餐的一个多小时里,服务员走动勤快,换碟子和烟灰缸也很及时,菜肴的色、香、味、形都无可挑剔。

这两位客人不时地相视而笑,夸赞该餐馆的服务质量好。他们显然对这顿用餐感到很满意。

就在客人酒足饭饱准备付账时,一位仪态端庄的服务小姐款款而至。

令他们大吃一惊的是,一声大吼竟出自那艳红的樱桃小口之中:“两位先生吃了 315 元,不知哪位付账?”

此时,上海客人的满脸热情顿时化作一股透心的凉气。那位年纪稍大些的客人气恼地对小姐说:“小姐,请您别这样大声叫嚷好吗? 我们耳朵不背,也不会赖账。”

“这是我们饭店的规定,客人结账时服务员须唱收唱付。”小姐似有满腹委屈,不明白客人为何恼火。

上海客人匆匆付完钱后,抄起椅背上的外套,头也不回,逃跑似的迅速离开了那家餐馆。

如果你认为唱收唱付不应令客人感到不满的话,那就说明你不了解客人的心理。

现在的客人进餐馆用餐不仅仅是为了满足生理上的需要,还需要得到别人的尊重,以获得心理上的需要。

收账这一环节就包含着尊重别人的因素,而服务员唱收唱付显然未考虑到客人的心理需要。

大凡用餐的客人,都不希望让他的朋友或邻桌不相识的人知道他这顿饭究竟花了多少钱。

在美国,餐馆老板就想得很周到。他们一般备有两份菜单:一份附有价目,专给男性或做东的客人,另一份则给女伴或被邀客人。其目的是不让其他人知道餐费。

然而,服务员唱收唱付却使这一切变得十分清楚,在客人看来,感到自己没有受到应有的尊重。

因而,唱收唱付对于客人来说,是绝对不应该的。

所以,餐馆服务员应学会在一桌客人中辨别出做东的是哪一位。餐后结账时，服务员应默默地把账单递给他，尽可能不惊扰同桌的就餐者。

在香港，人们都称账单为埋单，即服务员把账单悄悄埋在茶杯或餐巾下面，目的就是不让别人看见。

从心理学的角度分析，如果账款数目不大，做东客人会认为自己在朋友面前丢了面子；相反的，如果账款很大，则会使同桌的亲朋好友感到不安。

所以，无论如何都不应当当着客人的面大嚷大叫付款，以免惹得客人不满，影响了餐馆的生意。

168. 忌误闯禁区

餐厅服务中，十分忌讳不合时机的服务。有些时候，不该服务员出场，服务员就不该误闯禁区。

服务虽然以积极为必要，但也并非愈主动愈好。服务员必须掌握好服务的时机，否则便会使宾客不满，弄巧成拙，起了事倍功半的反作用。

下面为你举一例来说明这一问题。

某四星级酒店里，富有浓郁民族气息的贵妃厅里热闹非凡，可以容纳30余张圆桌的大厅座无虚席，主桌上方是一条临时张挂的横幅，上书“庆祝×××(集团)公司隆重成立”。来此赴宴的都是商界名流，由于人多品味高，餐厅上至经理，下至服务员，事先都对此进行了精心的准备。

从当天上午起，工作人员即开始更换地毯、检查电器设备、布置环境、放置花篮、添加移动无线电话、安排录像等。在宴会开始前30分钟，所有服务员均已到位。

宴会开始后，一切照常进行，值班员送菜、报菜名、派菜、送毛巾、倒饮料、撤菜盘碟子，秩序井然。按预先的安排，上完“红烧海龟裙”后，主人与主宾将分别到前台讲话。

只见主人与主宾离开座位，款款走到话筒前，值班员早已接到通知，此时便给每位客人的杯子里斟满了酒或饮料。

还有一位长得很英俊的男服务员，站在离话筒几步之处，手中托着一只垫有小毛巾的圆盘子，盘子上有两杯已经斟满了的酒。

讲话结束，正当宴会厅内所有来宾站起来准备举杯祝福时，厨房里却走出一队服务员，手中端着刚出炉的烤鸭，向各个不同的方向走去。

主宾不约而同地把视线转向这支移动的队伍，热烈欢快的场面就此破坏了，主人不得不再次提议干杯，但与刚才相比，气氛显然已大打折扣。

在上述这一事例中，服务员所犯的一个忌讳正是在不该出现的时候，却令人意外地出现了。

这种误闯禁区的做法，使得整个宴会的场面被破坏掉了。

作为一家涉外的星级酒店，这种失误是非常不应该的。

涉外酒店因其豪华高贵的气派，使其功能早已超出了向客人提供住宿、吃饭、休息等基本服务。

酒店的餐厅更是面向全社会，酒店现在往往是当地名流雅士最爱光顾的交际场所，大型会议、重要活动、婚礼宴请越来越多地安排在酒店举行，以便更好地表现举办者的热情、气派与品味。

大型宴会是有其自身的服务规范的，从别的餐厅调往宴会厅的服务人员必须事先经过培训，了解宴会服务的程序和标准，以避免不必要的失误。

按大型宴会的要求，在有人致辞时，除了要做好在本例中已介绍过的那些程序外，还应当通知厨房，这期间不能送菜出来，即使菜刚煮好，也应采取措施保温，例如加上保温盖等，而不可立即送出。

在宴会厅内，也不准有人随便走动，更不可讲话或发出其他异声。这样方可显示出酒店对参加宴会的主宾的尊重。

在有人讲话时，服务员通常站在两旁，保持端正的姿势，与他人一起聆听讲话。此时的厅内除话筒里的讲话声外，不应允许有其他的杂音。

本例中所讲述的酒店，其总体服务还是不错的，只是厨房在不应出菜的时候出了菜，犯了餐饮服务中的一个忌讳。

然而，就是这样的一个看似不起眼的失误，也会严重地影响所有宴会出席者对这次宴会的评价。

大型宴会的利润高，餐厅服务人员好不容易拉来的一笔好生意，就这样给糟蹋了。其原因只是由于服务的时机不够恰当，实在令人感到痛惜。

除了像上述宴会中服务员不能随意出现外，还有其他一些不可擅闯的禁区。

比如，当客人们在互致祝词、唱歌表达祝福之意时，服务员也不应乘此时把一道道菜送上去。这种做法，会打破本来很融洽的气氛，从而影响客人的心情。

总之，餐饮服务的要求是相当细密的，这就要求服务员在平时多学多练，注意观察和体会，从各种细微之处体味服务的真谛之所在。

唯有如此，才能切实消除客人的不满，令客人“乘兴而来，欣喜而去”。

后　记

当你读完这本书的时候，你一定会有很多感受：或很好，或一般，或美中不足，或很差；或收益良多，视之为良师益友，或无动于衷，束之高阁……

我们真诚盼望能听到你们的宝贵意见或建议，甚至是毫不留情的批语。因为读者就是我们的"上帝"，因为我们希望日后继续充实这"餐饮经营管理书库"，让每一本书都是精品。在这里先讲句多谢了！

每一本书都是编写人员汗水和心血的结晶；是他们贡献给社会的财富。为了把书写好，他们反复深入餐饮一线采访，取得了大量的第一手资料；他们牺牲了一个又一个节假日的休闲，舍弃了一次又一次与家人共聚的天伦之乐，或泡图书馆，或通宵达旦地在电脑前、在稿纸上挥洒着智慧和心血……无论如何，我们都得感谢他们吧！

餐饮界的许许多多朋友更是为书库的建设倾注了极大的热情，对着打破砂锅问到底的采访人员，他们百问不烦，百讲不厌，无私地把自己的心得、经验、技术和盘托出，有些甚至拿起笔来，满腔热忱地参加到创作队伍中来。没有他们的奉献，这一个又一个的高质量精神产品，是不可能问世的。我们是不是对他们也应该讲一声多谢，并衷心希望他们继续努力呢？

所有的谢意，已汇聚成强大的推动力，鞭策着我们前行，我们唯有以更大的投入，换取更精的"出品"去报答读者作者的关爱，与他们一起，共创中国餐饮业繁荣的又一个高潮。

编　者

《唯高餐饮经典书库》

序号 2:《第一次开餐馆》

内容简介:

餐饮市场的红火,吸引着大量的投资者,而在这众多的投资者中,有相当一部分是从未开过餐馆的,因此,《第一次开餐馆》是众多投资者的必读书。

开本:16 开　　定价:29.80 元

序号 3:《第一次当主管》

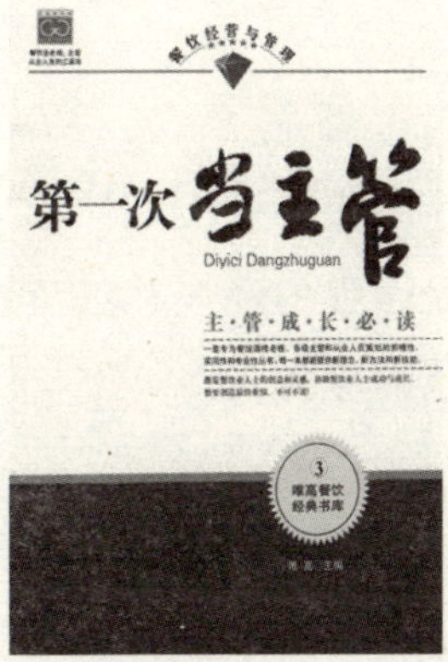

内容简介:

当好餐饮企业的各级主管,必须具备领导才能和丰富的从业经验,阅读本书对第一次当主管的读者充实自己、掌握管理技巧大有好处。

开本:16 开　　定价:29.80 元

序号 4:《餐饮业经营管理实用图表》

内容简介:

本书所列举的图表是许多从事餐饮业多年的人士实践经验的总结,实用性很强,是科学管理必不可少的工具书。

开本:16 开　　定价:36.00 元

序号 6:《从侍应到主管》

内容简介:

从侍应到主管是人生的成长期和发展期。本书讲述了在这两个时期面对的问题、应掌握的技能、如何积累、成功晋升等,无论您是刚刚入行,还是在现在的岗位上已经小有起色,读后都会令您有惊喜的收获。

开本:16 开　　定价:29.80 元

序号 7:《把餐饮做大做强的经典礼仪读本》

内容简介:

服务员应如何接人待物、如何笑迎宾客,《把餐饮做大做强的经典礼仪读本》一书全面教您如何成为一位出色的服务员。

开本:16 开　　定价:29.80 元

序号 8:《第一次当厨师》

内容简介:

新厨师从烹饪学校毕业到社会,差异万千,怎样提高厨师的经营理念,如何提升厨师的烹饪技艺,本书较全面地从实战的角度展开论述。

开本:16 开　　定价:29.80 元

序号 9:《刀工》

内容简介:

精美的刀工是厨师十八般武艺中上乘的“武功”,细细研读此书,您便能获得“闯荡江湖”的本领。

开本:16 开　　定价:29. 80 元

序号 10:《顾客应对技巧》

内容简介:

各级主管、服务员在日常工作中应如何接待顾客、处理好与顾客的关系,本书详尽教您如何做一位好主管、一位好服务员。

开本:16 开　　定价:29. 80 元

序号 13:《开一家赚钱的茶餐厅》

内容简介:

本书从选址、开业、管理等八个方面告诉读者如何开一家赚钱的茶餐厅,随着茶餐厅在内地的崛起,相信本书对有志开店创业的人会有所帮助。

开本:16 开　　定价:29. 80 元

序号 14:《创品牌为餐馆赚钱》

内容简介:

品牌是餐饮业发展的必由之路。本书从品牌魅力、食品、环境、服务等各方面揭示了品牌在餐馆赚钱之路上的重要意义,文笔质朴,语言流畅,值得一看。

开本:16 开　　定价:29.80 元

序号 15:《餐饮业留客实例分析》

内容简介:

本书介绍餐饮企业如何培养自己的经营意识,如何运用别具一格的创新特色,以一流的管理和服务,吸引并留住客人。

开本:16 开　　定价:32.00 元

序号 17:《火候》

内容简介:

俗话说“南火北刀”,南派厨师讲究火候,即锅气。火候的掌握是厨师的基本功,本书介绍了各种烹饪技法、各大菜系的烹制火候,是培训和自学的必要参考。

开本:16 开　　定价:29.80 元

序号 19:《餐馆楼面管理》

内容简介:

本书涉及餐馆楼面管理,广度与深度相结合,横向与纵向相联系,力图让读者轻松而高效地抓住做好楼面主管的真谛。

开本:16 开　　定价:29. 80 元

序号 22:《开一家赚钱的西餐厅》

内容简介:

本书介绍了经营风格独特、环境幽雅、价格公道的西餐厅成功之道。

开本:16 开　　定价:29. 80 元

序号 24:《餐馆服务实用英语》

内容简介:

本书是一部让餐饮服务人员轻松与外宾交谈、自如应付外宾用餐需要的英语学习用书。书中精选接待外宾用餐中常用的句式和词汇,简单易学、实用性强。

开本:16 开　　定价:20. 00 元

序号 26:《餐馆经营得失谈》

内容简介:

本书以大量餐馆经营成功与失败的实例,启迪读者如何避免失败。具有较强的实用性和可操作性。

开本:16 开　　定价:29.80 元

序号 27:《餐饮业员工心理行为分析》

内容简介:

本书可以帮助餐饮业管理者了解员工的心理,挖掘他们的潜能;同时也可以帮助员工认识自己、分析自己、找到适合自己的位置。

开本:16 开　　定价:36.00 元

序号 28:《餐饮市场消费心理分析》

内容简介:

本书结合现代餐饮市场消费心理特点,对国内餐饮市场消费状况、顾客消费心理与行为规律进行分析,并提出相应经营策略和处理方法,兼具理论性和实用性。

开本:16 开　　定价:29.80 元

序号 30:《餐馆经营管理实战与培训》

内容简介:

开餐馆应如何经营和管理?本书由拥有 20 年餐馆经营实践经验的专业人士编写,作者不但经验丰富,而且对实践与培训有独到的见解和过人之处。

开本:16 开　　定价:29.80 元

序号 31:《餐馆持续发展百问百答》

内容简介:

餐馆是许多人认为赚钱的行业,也是许多人跃跃欲试的门槛。但是,有人做得红红火火,餐馆持续发展;有人却经营惨淡,最后关门停业。为什么?《餐馆持续发展百问百答》将逐一为您解答这些问题,想开餐馆的朋友真的不可不读。

开本:32 开　　定价:22.80 元

序号 32:《餐饮旺店赚钱的 168 则硬道理》

内容简介:

本书将教您如何开各种类型的餐馆,同时,也是一本适合高、中、低不同档次餐馆的经营和从业人员阅读的好书。

开本:16 开　　定价:29.80 元

序号 33:《怎样提高餐馆人员商业素质》

内容简介:

提高餐馆从业人员的素质,是餐馆持续发展的重要保证,本书将教您如何提高自己的素质。想开餐馆的朋友不妨一读。

开本:32 开　　定价:26.00 元

序号 34:《餐馆财务百问百答》

内容简介:

财务是企业的命脉。开餐馆面临的如何进行财务预测与分析、如何制作餐馆财务报表、如何做好财务资金管理、如何创收、如何压缩投资成本提高利润等问题,本书将为您一一解答。

开本:16 开　　定价:29.80 元

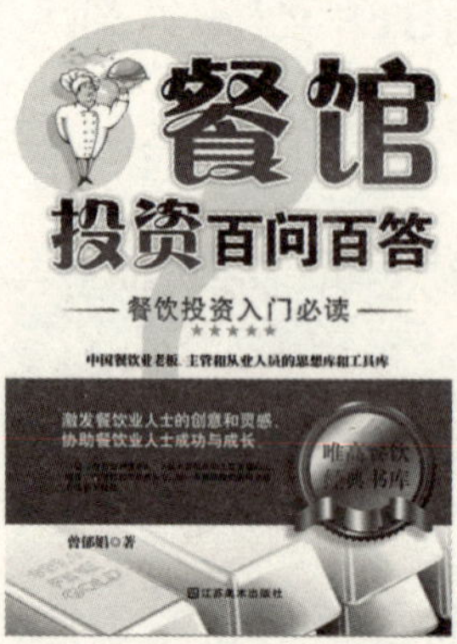

序号 35:《餐馆投资百问百答》

内容简介:

这是一本教您投资餐馆"入门之道"的书。开餐馆必须具备足够的条件,必须科学投资与策划,必须科学预测与分析,而投资成败往往只在一念之差。本书是希望投资餐馆和希望创业成功的朋友不可不读的好书。

开本:16 开　　定价:29.80 元

序号 36:《餐馆厨师实用手册》

内容简介:

开餐馆需要怎样的厨师?如何做一名出色的厨师?《餐馆厨师实用手册》一定能帮您!

开本:16 开　　定价:29.80 元

序号 37:《餐馆服务实用手册》

内容简介:

开餐馆需要怎样的服务人员,服务人员应如何做好餐馆经营中的“客我”交往,怎样做一名“双赢”的服务人员?《餐馆服务实用手册》一定会给您启迪!

开本:16 开　　定价:29.80 元

序号 38:《老餐馆手把手教你一开餐馆就赚钱》

内容简介:

开餐馆当然想赚钱,但如何赚钱?《老餐馆手把手教你一开餐馆就赚钱》给你明确的指引,一定是你理想的创业宝典。

开本:16 开　　定价:29.80 元

序号 39:《餐馆管人 36 招》

内容简介:

餐馆如何管人,《餐馆管人 36 招》教您把握管人的原则。

开本:16 开　　定价:29.80 元

序号 40:《餐馆用人 36 计》

内容简介:

餐馆如何用人,《餐馆用人 36 计》教您掌握用人的原则。

开本:16 开　　定价:29.80 元

序号 41:《餐馆赢在细节》

内容简介:

细节决定成败,细节乃日常生活中的点点滴滴,因此,要开一家成功的餐馆,必须从点点滴滴做起、从细节做起!

开本:16 开　　定价:29.80 元

序号 42:《餐馆危机处理》

内容简介:

危机处理是餐饮企业的一项必不可少的日常工作。面对危机事件从容面对、化险为夷、变被动为主动是一门学问,也是从业技能。因此本书不可不读。

开本:16 开　　定价:29.80 元

序号 43:《餐馆赢在决策》

内容简介:

本书介绍了餐馆在策划、选址、选项、菜品、定价、定位、服务、装潢等各个方面作决策时应考虑哪些问题,帮助读者成功创业。

开本:16 开　　定价:29.80 元

序号 44:《餐馆赢在督导》

内容简介:

餐馆的督导者在经营管理中起关键作用,本书帮助他们提高执行能力和工作绩效,规范餐饮行业管理。

开本:16 开　　定价:29.80 元

序号 45:《餐馆营销学堂》

内容简介:

本书针对现有餐饮企业管理、营销等多个层面值得注意的问题,总结经验、规律,提出解决之道,既有理论,又有心得。

开本:16 开　　定价:24.80 元

序号 46:《餐馆经营实战讲堂》

内容简介:

本书对餐馆经营过程中涉及的团队管理、激励机制的建立、各个环节的有效监控、营销策略等实际问题给予了深入浅出的讲解。

开本:16 开　　定价:29.80 元

序号 47:《餐馆开业采购指南》

内容简介:

本书详细介绍了餐馆开业所需物品的品种、数量,帮助读者正确选购,控制成本。

开本:16 开　　定价:26.00 元

序号 48:《餐馆经理必备》

内容简介:

本书论及的各种问题和提出的解决方法均切合实际，是一本指引餐馆经理跻身于优秀者行列的实用指南。

开本:16 开　　定价:26.00 元

序号 49:《餐馆赢在出品》

内容简介:

好的出品是餐馆的核心产品，是“摇钱树”，本书介绍的各种保障餐馆出品优质、特色的方法适合餐馆经营者和厨师参考。

开本:16 开　　定价:28.00 元

序号 50:《餐馆制胜之道》

内容简介:

餐馆是人员密集型的企业，从服务员、厨师、采购、财务到主管岗位，部门繁多，因此相互间密切配合是餐馆经营成功的关键所在，本书能使餐馆经营者掌握团队建设的利器，从而打造一流的团队。

开本:16 开　　定价:29.80 元

序号 51:《餐馆风水布局》

内容简介:

本书从风水学的角度,对餐馆的室内外装修布局、招财旺业的摆设进行了全面的讲解。

开本:16 开　　定价:29. 80 元

序号 52:《2011 年餐饮业运程预测》

内容简介:

本书介绍了不同生肖的餐饮业主、不同类型的餐馆在 2011 年的运程,对趋吉避凶有很大帮助。

开本:16 开　　定价:29. 80 元

序号 53:《餐馆楼面管理实用图表》

内容简介:

表格化管理可以使餐馆管理更加科学、规范。是提高餐馆管理水平的重要工具。

开本:16 开　　定价:38. 00 元

序号 54:《如何成为一名出色的点菜员》

内容简介:

点菜员水平的高低直接影响着餐馆的营业额。同时,出色的点菜员也是顾客的好参谋,是餐馆的宣传员。

开本:16 开　　定价:29. 80 元

序号 55:《餐馆赢在素质》

内容简介:

素质高低决定餐厅服务水平的高低。这是一本不可多得的服务员培训手册,不可不读。

开本:16 开　　定价:29. 80 元

序号 56:《美食本草纲目》

内容简介:

这是一本介绍饮食养生的图书,人的生命是以饮食为基本需求,通过胃功能消化食物,吸收各种人体所需要的营养成分,你要延寿,你要养生,不可不读。

开本:16 开　　定价:29. 80 元

序号 57:《餐馆楼面营运流程设计》

内容简介:

本书介绍了餐馆楼面各种岗位及工作程序流程设计,是餐馆提升管理的重要基础保证。餐馆管理,不可不读!

开本:16 开　　定价:29. 80 元

序号 58:《餐馆赢在成本控制》

内容简介:

本书介绍了餐馆如何严格控制各方面的成本,使餐馆利润最大化,开餐馆,想赚钱不可不读!

开本:16 开　　定价:29. 80 元

序号 59:《中国餐饮天书》

内容简介:

这是一部从餐饮士兵到餐饮将军的真实写照,作者用生动的文笔,总结了40年的餐饮心历路程,餐饮总经理及餐饮中高层主管不可不读!

开本:16开　　定价:39.80元

序号 60:《把餐饮做大做强的7S管理》

内容简介:

管理出效益是硬道理,餐馆想要做大做强,7S管理给你提供一种全新的管理模式,餐饮老板,餐饮高中级管理人员不可不读。

开本:16开　　定价:29.80元

序号 61:《把餐饮做大做强的营销技巧》

内容简介:

营销是餐馆经营的重中之重,要想把餐饮做大做强,科学的营销是不可少的,本书多角度,多层次,多方面详尽地论述了营销在餐饮中的重要性以及各种营销技巧。

开本:16开　　定价:29.80元

图书邮购电话:15601113538　邮购联系人:王盛华

(图书邮购一律八折,免邮费。)